유아의 놀이로부터 배우는 교사들

유아의 놀이로부터 배우는 교사들

지은이 김수옥 황미희

발 행 2019년 11월 1일
펴낸이 김정태 김영식
펴낸곳 좋은교사운동 출판부
출판등록번호 제2000-34호
주 소 서울특별시 관악구 남부순환로 218길 36, 4층
전 화 02-876-4078
이메일 admin@goodteacher.org

ISBN 978-89-91617-59-9 03370

www.goodteacher.org

유아의 놀이로부터 배우는 교사들

좋은교사 연구실천 프로젝트 X 25

김수옥 황미희

좋은교사

‖ 발간사

교육 난제는 현장 교사가 풉니다!

임진왜란 때 선조가 이순신에게 총공격을 명령했지만 이순신은 적의 유인 전략이라 판단하여 공격하지 않았던 일이 있습니다. 이로 인해 이순신은 관직을 박탈당했고, 대신 출정한 원균의 군대는 전멸하고 맙니다. 현장의 상황을 모르고 내린 결정이 얼마나 어처구니 없는 것인지를 보여주는 사례입니다.

"초등학교 사회 교과서는 대학생 교재보다 어렵습니다. 왜냐하면 그 많은 내용 요소를 압축적으로 구겨넣어 놓았기 때문이죠. 이런 교과서를 만든 사람이 한번 가르쳐보라고 하고 싶네요."

수업에서 학생들에게 배움의 기쁨을 누리게 하고 싶다는 것은 모든 교사들의 소망이지만 현장의 상황을 모르고 내려오는 교육과정과 각종 사업 등 수많은 장애물들이 우리의 발목을 붙잡고 있습니다.

"현장에 답이 있다"는 말을 많이 합니다만 교육정책을 좌우하는 관료, 교수, 정치인들은 현장 교사들의 목소리를 귀담아 듣지 않습니다. 이렇게 된 데에는 우리가 교육전문가로서의 교사의 역할을 적극적으로 찾지 못한 책임도 없지 않습니다.

이제 현장의 교육전문가인 우리 교사가 나서야 합니다. 우리 교육에는 수많은 난제가 산처럼 버티고 있습니다. 우공이산(愚公移山)의 결기로 우리 모두가 이와 씨름하는 일이 개미떼처럼 집단적으로 일어나야 합니다. 그러한 노력들이 격려되고, 공유되고, 확산될 때 우리 교육은 아래로부터 변화되어갈 것입니다. 이 과정은 교육전문가로서의 교사 성장에 큰 도전이 될 것입니다. 이를 통해 수동적 전달자가 아닌 능동적 연구실천가로 성장하게 될 것입니다.

좋은교사운동은 우리 교육의 난제를 현장 교사들의 힘으로 풀어나가는 프로젝트를 시작했습니다. 이름하여 "좋은교사 연구실천 프로젝트 X"입니다. X는 난제를 뜻합니다. 이제 X를 붙들고 고민한 결과가 세상에 모습을 드러냈습니다. 그 동안 바쁜 학교생활 가운데서도 시간을 쪼개어 문제와 씨름하는 노고를 감당하신 선생님과 멘토와 행정적인 모든 수고를 감당해주신 사무실의 간사님들과 연구위원장 선생님께 존경과 감사의 뜻을 전합니다.

- 사단법인 좋은교사운동

‖ 펴내는 글

유아의 놀이로부터 배우는 교사들

여기 각자의 빛깔을 드러내며 아이들과 행복한 배움을 이어가고 있는 전남의 공립유치원 교사들이 있습니다. 스무 명 남짓의 유치원 교사들이 만나, 유아교육 현장의 난제들을 수다로 풀어 해결해 가는 『빛깔 있는 유치원교사 연구회』랍니다.

『빛깔 있는 유치원교사 연구회』는 꽤 긴 역사를 가지고 있습니다. 2009년 가을 서너 명의 교사들이 유치원 교육의 혁신을 위해 모였습니다. 처음에는 혁신을 위해 무엇부터 시작해야 할지 막막하기만 하였습니다. 힘겨운 유아교육 현실에 대한 넋두리들만 한참 동안 이어졌던 것으로 기억됩니다. 그야말로 밤새는 줄 모르고 서로의 고민을 풀어놓았던 것 같습니다. 해가 거듭될수록 점차 회원들이 늘어나 둘째, 넷째 주 금요일 저녁이면 나주, 무안, 강진, 목포, 함평, 곡성, 화순, 보성 등에서 모여든 교사들이 찰밥과 김치로 허기진 배를 채우면서 함께 모임을 만들어 나갔습니다.

처음 4~5년간은 유아의 행복한 배움을 위한 좋은 교육콘텐츠들을 계속 찾아 헤맸던 것으로 기억됩니다. 활동 통합을 위한 방법

논의, 생태교육, 배움의 공동체 수업 연구, 심미 수업 등등…. 하지만 이러한 많은 노력에도 불구하고 우리의 배고픔은 여전했습니다. 무엇이 우리를 배고프게 하는지 함께 생각을 해 보아야 했습니다. 그것은 바로 본질이었습니다. 그 어떤 멋진 프로그램도 유아교육의 본질을 벗어나는 한 좋은 프로그램이라 할 수 없다는 것을 결론 짓게 되었습니다. 그래서 교육과정을 함께 읽으며 유아교육에 대한 바른 이해를 가짐과 동시에 유아 중심의 만들어가는 교육과정에 대한 견해와 철학을 가지려는 노력을 하였습니다. 이러한 노력 끝에 우리가 내린 결론은 '유아는 끊임없이 노는 존재이며 놀이를 통해 삶과 접속하고 놀이를 통해 세상을 배워간다'는 것이었습니다. 또한 교사는 '유아가 놀이를 지속하면서 즐겁고 자연스럽게 배워갈 수 있도록 도와주는 존재'라는 것이었습니다.

수업 현장에서 유아들에게 잃어버린 놀이를 돌려주려고 각자가 노력하고 그 경험을 나누었습니다. 자발적으로 수업을 열어 함께 이야기 나누면서 아이들의 배움에 집중하게 되었습니다. 이를 시작으로 끊임없이 놀이하고자 하는 유아의 특성에 대해 깊이 있는 논의가 지속적으로 이루어졌습니다. 부족하지만 서로가 함께하며 성장할 수 있다는 믿음이 있었기에 가능한 일이었습니다.

2018년 3월 정부에서 발표한 "유아교육 혁신방안"은 우리 연구회에 더욱 뜨거운 불을 지펴준 계기가 되었습니다. 유아들이 중심에 있는 유치원 현장을 꿈꿔왔었기 때문이지요. 놀이와 유아가 중심이 되는 교육과정으로 개정될 것임을 알리는 내용이었습니다. 하지만 아무리 좋은 정책을 발표한다 한들 현장의 교사들이 정책을 곱씹어보며 방향을 이해하고 어떻게 자신의 교실에서 구현할 것인지 저마다 노력하지 않는다면 허울 좋은 구호에 불과할 것입니다. 그래서 현장에 몸담고 있는 교사인 우리의 목소리를 정리하여 전달한 필요가 있다고 합의하여 “좋은교사 연구실천 프로젝트 X”를 만나게 되었습니다. 좋은교사운동의 회원이자, 『빛깔 있는 유치원교사 연구회』 일원인 저희들이 도전하게 된 것입니다.

마침 우리의 연구 결과를 정리하던 2019년 7월 ‘유아와 놀이 중심의 누리과정’이 개정 · 고시되어 참으로 반갑습니다.

이 책은 『빛깔 있는 유치원교사 연구회』가 있었기에 세상에 나올 수 있게 되었음을 알려드리고 싶습니다.

오늘도 유치원에서 아이들 한 명 한 명을 사랑으로 만나고 있을 『빛깔 있는 유치원교사 연구회』의 선생님들을 생각하면, 저희들의 부족한 글이 그분들의 생각과 뜻을 다 헤아리지 못하여 누가 되지 않을까 하는 마음 또한 있으나 우리의 성장 과정을 민낯 그대로 드러내고 공유함으로써 더 나은 성장을 기대하여 봅니다. 또한 이 책을 통해 우리 아이들의 ‘오늘’이 늘 행복하도록, 그리고 교사인 우리가 행복해질 수 있도록 모두가 영리하게 노력하는 풍토가 일어나길 바랍니다.

- 빛깔 있는 유치원교사 연구회를 사랑하는

김수옥, 황미희

‖ 목 차

발간사 _ 4

펴내는 글 _ 6

놀이란 게 뭐지? _ 11
1. 미미가 없잖아요 12
2. 억지로 놀기는 싫어요 13
3. 셋! 둘! 하나! go ~~ 슛 14
4. 불이야! 불이야! 16

놀이, 참~ 힘들다 _ 20
1. 섞어놀이 20
2. 소란스러움 30
3. 이상적인 놀이와 현실 35
4. 교사는 감시자인가? 38

아이들, 어떻게 놀고 있지? _ 45
1. 재미있으면 하고 또 하고(놀이의 흥미와 자발성, 반복성) 46
2. 바깥놀이는 언제나 좋아요(움직임의 욕구, 주도성) 50
3. 생활주제와 상관없이 놀아요(놀이의 무목적성, 과정지향성) 55

놀이의 걸림돌 _ 59
1. 교사의 일은 가르치는 것! 60
2. 교실에서의 소란스러움과 어질러짐 65
3. 아이들의 그림자, 학부모 67
4. 아이들과 어떻게 놀아야 하지? 69
5. 유아가 주인 되는 놀이 떠올려보기 70

교사도 아이도 행복한 놀이, 어떻게 찾아갈까? _ 73
1. 아이들과 놀이에 빠져볼까요? 74
2. 교사의 계획 속에 아이들의 목소리를 담아요 77
3. 아이들과 함께 만들어가는 공간으로서의 교실을 만들어요 83
4. 아이들의 모습을 기록하고 부모와 공유해요 87
5. 움직임의 욕구를 충족하는 충분한 바깥놀이는 어떨까요? 92

우리, 이렇게 놀고 있어요 _ 97
1. 상자놀이 속 교사의 변신 97
2. 상품화된 카드로도 의미 있는 놀이를 할 수 있어요 98
3. 놀이 속에서 생각이 유연해져요 101
4. 놀이에 아이들의 새로운 생각이 담겨 있어요 103

마무리, 우리들의 연구는 현재 진행형 _ 105

참고문헌 _ 107

부록 _ 108

놀이란 게 뭐지?

놀이에 관한 생각이나 경험, 느낌을 꺼내놓기로 한 3월의 첫 모임. 평소보다 많은 19명의 연구회 교사들이 모인 것을 보니 정말 '놀이'가 화두라는 것이 온몸으로 느껴졌다.

3월은 첫 모임이니만큼 소박하게 교실에서 겪은 놀이에 관한 경험들을 가볍게 이야기하는 것으로 시작하려 했다. 하지만 모임이 진행되는 3시간은 쉬는 시간을 가지기 어려울 만큼 뜨거웠다. 유아 수에 비해 너무 좁은 교실과 너무 많은 놀잇감, 놀이 중 언제든지 일어날 수 있는 안전사고에 대한 두려움을 넘는 공포감, 같은 아이들과 몇 년째 지내면서 색다른 놀이에 대한 목마름, 참여하고 싶은 유아들은 많지만 여건상 수를 제한해야 하는 자유선택활동에 대한 어려움 등 놀이에 관한 이야기들은 꼬리에 꼬리를 물고 이어졌다.

수많은 이야기 중에서 아이들에게 '놀이란 무엇일까?'에 대해 고민하게 만드는 몇 가지 이야기로 첫 번째 이야기를 시작하고자 한다.

1. 미미가 없잖아요

만 5세 반 20명의 아이들과 생활하고 있는 곽 교사에게 마음에 걸리는 아이가 있다. 3월이 시작되고 2주가 지나도록 수영이는 말도 없고, 즐겁게 놀이도 하지 않고 얌전히 앉아있기만 했다. 수영이가 염려되어 이렇게 물었다.

- 곽 교사: 수영아~ 너는 왜 안 놀아?
- 수영: 미미가 없잖아요.
- 곽 교사: 미미? 공주인형 미미?
- 수영: (고개를 끄덕인다.)
- 곽 교사: 어떡하지? 우리 교실에는 미미가 없는데….
- 수영: 미미 공주 색칠하기는 없어요?

인터넷에서 공주 그림을 찾아 복사해서 제공해 주니, 수영이는 며칠 동안 색칠하기에 빠져들었다.

곽 교사는 색칠하기 활동은 아이들에게 그리 교육적이지 못한 활동이라 생각했습니다. 그래서 '복사해서 주는 단순한 색칠하기가 창의적인 표현을 방해하지는 않을까? 눈은 크고, 허리는 잘록하며 화려한 옷을 입은 상업적인 공주 인형을 색칠하는 동안 고정된 성 이미지를 갖게 되지는 않을까?' 하는 걱정이 들었습니다. 요즘 시대의 흐름에는 안 맞는 케케묵은 자료이기도 해서 망설여졌습니다. 하지만 교사의 걱정과는 반대로 아이는 '공주'를 좋아하고, 색칠하기를 즐기고 있습니다.

곽 교사는 아이가 원하는 것이 무엇인지 묻고, 도와주는 과정에서 현재 이 아이에게는 '색칠하기'가 아주 중요한 놀이의 소재가 되고 있음을 알게 되었습니다.

2. 억지로 놀기는 싫어요

올해로 교직 경력 5년 차이며 단설유치원에서 만 5세를 맡은 김 교사의 이야기이다. 아이들이 즐겁게 놀이하며 배울 수 있도록 하기 위해 작년부터 관찰하고 기록하기 시작하였다. 유아 수가 20명이 넘지만, 2학기에는 자유선택활동 시간에 영역에 참여할 수 있는 유아 수의 제한을 두지 않았다. 그리고 영역의 경계도 허물었다. 미술 영역에서 놀고 싶은데 자리가 없으면, 과학 영역에서도 할 수 있도록 열어두면서 통제보다는 진정한 자유선택활동이 이루어졌으면 하는 바람이었다.

그런데 아이들이 가장 많이 하는 질문은 "선생님? 이거 놀아도 돼요?"였다. 김 교사는 '아이들이 왜 이런 질문을 많이 할까?' 반문해보았다. 그러던 중 한 가지 생각이 떠올랐다. '생활주제와 관련해서 놀이를 제시하다 보니, 아이들은 내가 제시한 생활주제를 벗어난 다른 놀이를 할 때는 허락을 받아야 한다고 생각하는구나'라는 결론에 이르게 되었다. 그래서 유아들이 놀고 싶은 대로 놀 수 있다는 것을 강조했더니 "이거 해도 돼요?"라는 질문은 줄었다.

교사가 제시하는 주제를 벗어난 놀이를 하더라도 눈치 보지 않고 할 수 있도록 허용했지만, 불편함은 있었다. 이왕이면 주제와 관련된 놀이를 하면 좋으련만….

지난 금요일은 오전 내내 자유롭게 놀 수 있는 자유 놀이의 날이었는데, 한 아이가 "선생님, 저는 억지로 놀기는 싫어요."라며 놀이에 참여하기를 거부하였다. 자유롭게 놀게 하면 좋아할 줄로만 알았는데, 억지로 놀기는 싫다니….

김 교사는 "선생님, 이거 놀아도 돼요?"라고 묻는 아이들에 대해 생각해보았습니다. 그리고 생활주제를 벗어나 자유롭게 놀이하는 날을 통해 놀이에서 자유와 책임을 배우기를 바랐습니다.

자유롭게 놀게 하면 모두들 좋아할 줄 알았던 김 교사는 어리둥절할 수밖에 없었습니다. 억지로 놀기 싫다니…. 교사는 자유를 주고 싶었지만, 이 아이는 상황을 어떻게 받아들이고 있었을까요?

김 교사는 어떤 유아에게는 자유로운 선택이 때로는 부담이 될 수도 있다는 것을 알게 되었습니다. 그래서 자유로운 선택이 놀이의 특성이라면 자유롭게 놀 것인지, 또 다른 선택을 할 수 있는 여지를 남겨둘 것인지 까지도 고려를 해야겠다는 생각을 하게 되었습니다.

3. 셋! 둘! 하나! go ~~ 슛!

병설유치원에서 혼합연령 8명의 아이들과 2년째 지내고 있는 교직경력 22년 차 김 교사의 이야기다.

오늘도 팽이놀이로 교실이 들썩인다. 쌓기놀이 영역의 레고 블록으로 날마다 팽이를 만들어 돌리고 돌리는 아이들. 다른 놀이에도 관심을 가졌으면 하는 마음으로 레고 블록을 치웠다. 그런데, 이게 웬일, 역할놀이 영역에서 다시 팽이놀이가 시작됐다.

- 원기: (역할영역의 음식 모형 중 엄지손가락만 한 감자 모형을 보여 주며) 선생님~ 이것도 돌릴 수 있어요. 보세요. 감자팽이에요.
- 민호: (딸기 모형을 가져오며) 이것도 돌아가! 이거 감자보다 더 쎄.
- 원기: 아니야~ 내가 더 쎄.
- 민호: 그럼 시합해 볼까? 셋! 둘! 하나! go~~~ 슛!
- 시영: (레몬 모형을 들고 달려오며) 너희들만 하냐? 나도 할 거다. 다시 해!
- 서윤: 그럼 내가 심판해 줄게. 내가 돌리라고 하면 돌리는 거야. 셋! 둘! 하나! go~~ 슛!

질리지도 않는 팽이놀이, 부서지면 다시 만들고 또 만들기를 반복하고, 집에 갈 땐 전시하거나 가만히 숨겨놓기까지 한다. 다섯 살 원기는 감자팽이를 주머니에 넣어 다니기도 한다. 다른 장난감들도 많은데 왜 아이들은 팽이 놀이에 저토록 빠져드는 걸까?

팽이놀이에서만 그치지 않고, 몸을 뱅글뱅글 돌리기도 하고, 보이는 것마다 돌린다.

팽이 놀이는 거의 모든 유치원 교실에서 연중 지속되는 놀이입니다. 아이들이 가장 좋아하는 놀이라고 해도 과언이 아니지요. 교사는 주제에 맞춰서 놀잇감을 준비해 주지만 아이들은 그것을 무시하고 무엇이든 돌리며 놀이하지요. '이왕이면 다른 놀잇감도 가지고 놀았으면 좋겠는데…. 상업적인 팽이가 만들어지면서 부쩍 팽이놀이를 많이 하게 된 것은 아닐까?' 염려되기도 합니다. 김 교사는 팽이놀이를 과학 활동과 연결해서 확장시키려는 시도도 해 보았지만, 아이들은 돌리고 시합하며 누구의 팽이가 더 센지 겨루는 것에 온통 집중하고 있었습니다.

교사의 눈에는 단순반복처럼 보이는 팽이놀이가 종종 김 교사를 불편하게 합니다. 한편 계속되는 아이들의 놀이를 보며 다른 생각도 해 봅니다. '어른들에게 단순 반복하라고 한다면 가능한 일일까? 무한한 반복 속에서 아이들은 팽이와 일체가 되는 것 같기도 하고….'

김 교사는 아이들이 팽이놀이를 반복하는 정확한 이유를 찾지 못했습니다. 하지만 팽이놀이는 분명 아이들에게 몰입하게 하는 그 무언가의 매력이 있다는 사실은 알게 된 것입니다.

아이들의 놀이는 늘 이렇게 알쏭달쏭합니다. 알다가도 모르는 것이 놀이의 세계입니다. 그러니 '놀이란 ○○이다'라고 정의 내리기보다 '아이들은 저렇게 노는구나!' 하는 정도로 느긋하게 놀이를 바라보는 자세가 더 필요하진 않을까 생각해 보았습니다.

4. 불이야! 불이야!

팽이놀이 이야기를 들려준 김 교사의 또 다른 이야기이다.

3월 아이들은 처음으로 화재대피훈련을 경험했고, 4월에는 초등학교와 함께 대피훈련을 실시했다. 방송이 나오자 아이들은 불안해하고 놀라는 모습을 보였다. 아이들에게 연습임을 알려 안심시키고, 대피하라는 방송의 지시에 따라 아이들과 함께 맨발로 밖으로 뛰쳐나갔다.

그리고 다음날 아침.

자유선택활동 시간에 몇몇 아이들이 수군거리더니 갑자기 "불이야!! 불이야!!"를 외치며, 교실 문을 열고 현관으로 뛰쳐나갔다. 이 상황을 바라보던 김 교사는 어안이 벙벙했다. 이 상황을 어찌 해석해야 할지….

- 김 교사: (불편한 심기를 드러내며) 얘들아~ 지금 뭐하고 있는 거니?
- 가영: (웃음을 참으며) 우리 불이야 놀이했어요. 불이 나서 대피하는 거요.
- 서윤: 맞아요! 우리 어제도 했잖아요.
- 김 교사: 그건 훈련할 때 하는 거지.
- 가영: 하면 안 돼요?
- 김 교사: 그러니까, 그게…. (머릿속으로 안 되는 이유를 찾고 있었으나 딱히 찾지 못했다.)
- 서윤: 그러니까 연습이라고 하면 되잖아요.
- 김 교사: (그제야 머릿속에서 이유를 찾아냈다는 듯) 다른 애들이 진짜 불이 난 줄 알고 깜짝 놀라면 어떻게 해?
- 서윤: 그럼 애들한테도 말해주고 하면 되잖아요.

주변에 있던 아이들도 좋다고 맞장구를 친다. 이렇게 해서 그날 자유선택활동 시간은 '불이야' 놀이로 이뤄졌다. 아이들은 "불이야!"를 외칠 순서를 정하더니 무려 6번을 반복했다.

초등학교와 공동으로 추진된 2번의 대피훈련을 지켜보시던 원감선생님의 말씀!

"유치원 아이들이 제대로 대피공부 하고 있네요!"

흔히 화재대피훈련을 할 때 교사회의에서는 이런 얘기들이 오고 갑니다. "내일 대피훈련 때는 장난으로 느끼지 않도록 진지하게 임하게 해주세요. 웃고 떠들고 나오는 애들이 있어요. 연습을 진짜처럼 해야 실제 상황에서 제대로 하죠!"

이런 말을 자주 들어오던 김 교사가 마주한 '불이야!' 놀이상황. 화재대피훈련은 진지하게 임해야 할 것 같은데, 아이들은 웃으며 장난처럼 놀이한 것입니다. 아이들은 화재 시 적절한 대피방법보다는 일단 '불이야!'라고 소리 지르며 밖으로 뛰쳐나가는 행동에 재미를 느끼는 것으로 보였고, 김 교사는 혼란스러웠습니다. '이 상황을 허용해야 하는 것일까? 아니면 하지 말라고 해야 하나?' 하지만 딱히 못하게 할 이유를 찾기도 어려웠습니다.

아이들은 하고 싶은 의지를 드러내며, 6번을 반복하였고 아이들은 재빠르게 대피하고 있었습니다. 이 상황을 통해 김 교사는 자신에게 다음과 같은 질문을 던지게 되었습니다. '진지하지 않으면 배우고 있지 않는 것일까? 불이 난 상황을 연출하는 놀이 안에서 자신이 배운 바를 다시 재연하며 익히고 있는 것은 아닐까? 하지만 아이들은 대피하는 방법을 배우기 위해 놀이하는 것이 아니라 그 상황이 그저 재미있으니 하는 것이겠구나.'

교사들은 유치원에서 이루어지는 '놀이'에 관해 나름의 이미지를 가지고 있다. '놀이를 통해 학습이 일어났으면 좋겠다. 놀면서 사회성도 길러지고, 장난스럽지 않고 진지하게 몰입이 일어났으면 좋겠다. 놀이 안에서 소외됨 없이 모두가 즐거웠으면 좋겠다. 생활주제와 관련해서 스스로 탐색하고 몰입했으면 좋겠다.' 등 '놀이'에 대한 나름의 이미지들을 가지고 있다.

하지만 위의 4가지 사례는 교사의 기대와는 다른 놀이의 모습이었다. 생활주제와 관련 없는 팽이놀이는 1년 내내 너무나 즐겁게 이루어지고 있고, 유아들을 위해 자유를 주었더니 억지로 놀기는 싫다고 한다. 교육적인 많은 놀잇감을 제공했지만, 고작 상업적이고 단순하기 그지없는 공주인형 색칠을 원하고, 진지해야 할 화재대피 훈련의 경험을 웃으며 장난치듯 6번을 반복하는 아이들!!

지도서에서도 이론서에서도 본 적 없는 놀이상황들!

놀이, 참~ 힘들다

이번에는 교사들이 꺼내놓았던 이야기 속에서 몇 가지 공통적인 고민들을 찾아 모아보았다. 일반인들이 유치원 교사라고 하면 아이들과 노는 모습을 쉽게 떠올리며, 아이들과 노는 것이 매우 자연스러운 일이라고 인식한다. 하지만 아이들과 노는 일을 직업으로 삼고 있는 교사들이 정작 놀이를 힘들어하고 있다. 참 아이러니한 일이다. 무엇 때문에 교사들은 놀이를 힘들어할까? 그 이유를 '섞어놀이', '소란스러움', '이상적인 놀이와 현실', '나는 감시자인가?' 라는 작은 주제로 풀어보았다.

1. 섞어놀이[1]

유치원에서 일과 중의 하나로 유아들에게 많은 자율과 선택권이

1) 유치원 교실은 쌓기놀이 영역, 역할놀이 영역 등 4~7개의 흥미영역으로 나누어져 구성되어 있으나, 아이들이 구성된 영역을 무시한 채 놀잇감을 섞어서 노는 모습을 이르는 말 (연구회의 모임 중, 대화 속에서 아이들의 놀이 모습을 섞어놀이로 명명함)

주어지는 자유선택활동이 있다. 이는 유치원 교육활동의 꽃이라고도 부른다. 이 시간은 교사가 아이들에게 교육적인 의도를 가지고 다양한 영역의 놀이를 제공하여 아이들 각자의 발달에 맞는 배움의 기회를 가질 수 있도록 돕는(개별학습이 일어나는) 시간이다.

자신이 선택하여 활동하기 때문에 능동적인 배움이 일어남과 동시에 자율과 책임을 배울 수 있는 시간이기도 하다. 놀이하다가 친구와 다투거나 갈등을 겪으면서 양보나 배려, 질서 등 사회적 기술을 익히기도 하고 자신의 생각이나 행동, 감정 조절력을 키울 수 있는 중요한 시간이다. 그러기에 이 시간은 유아들이 가장 좋아하는 시간이며 가장 기쁨을 느끼는 시간이다. 진정으로 놀이 중심의 유아교육을 실행할 수 있는 중요한 시간이다.

유치원 일과에서만 볼 수 있는 특별한 자유선택활동에 대한 이해를 돕고자 '2015. 3-5세 연령별 누리과정 해설서'의 내용을 잠깐 소개한다.

> 교사는 다양한 흥미영역을 실내·실외에 구성하여 유아의 활동 선택권을 확대하고 자발적인 참여를 촉진한다. 흥미영역은 신체운동·건강, 의사소통, 사회관계, 예술경험, 자연탐구 등 누리과정의 영역별 내용을 다양한 활동으로 전개할 수 있도록 전개한다. 흥미영역에 제시되는 활동이나 자료는 주간 및 일일 주제와 관련되어야 한다.
>
> \- 중략 -
>
> 교사는 실내·외 공간의 기능과 위치, 크기를 고려하여 쌓기놀이, 언어, 과학, 수·조작, 음률, 미술, 역할놀이, 모래·물놀이 등의 다양한 활동이 가능하도록 흥미영역을 구성할 수 있다. 실내 뿐 아니라 실외에도 다양한 흥미영역을 적절하게 배치하고 운영한다. 이때 움직임이나 소음

> 정도를 고려하여 영역을 배치·운영함으로써 유아가 방해받지 않고 활동에 몰입할 수 있게 한다.
>
> \- 교육부 고시 제2015-61호에 따른 3-5세 연령별 누리과정 해설서 p24~25

위와 같이 제시된 내용을 근거로 대부분 유치원에서는 교실 내에 보통 7개 정도의 흥미영역을 만들고, 주제와 관련된 활동과 자료를 제시하여, 아침 등원 후 60분가량의 자유선택활동을 실시하게 된다.

교사들은 이 중요한 자유선택활동에 대해 상당히 많은 고민을 하고 있었다. 이에 대한 교사들의 구체적인 고민을 들여다보자.

1) 영역의 구분도 없고, 어질러지는 것 어떡하지?

손 교사 우리 반 영애가 모든 장난감을 자기 앞에 몽땅 쌓아놓고 있어서, 좀 화를 냈어요. 제 자리에 가져다 놓고, 1가지씩 가지고 놀도록 했죠. 그때는 제가 화를 내니까 말을 듣는 것 같았는데, 다음 날 똑같이 행동해요.

수·조작 영역에 공깃돌을 제공해 주었는데, 가만 보니까 역할영역에 가져가서 밥도 만들고 국이라며 끓이는 흉내를 내고 있는 거예요. 그렇게 놀고 정리가 되면 좋으련만, 정리가 안 되니까, 제가 아이들을 불러 모았죠. 정해진 영역에서 사용하라는 규칙을 강조하고 싶었던 거죠.

손 교사의 이야기처럼 아이들이 각 영역별로 제시된 활동 자료를 섞어서 가지고 노는 일은 아주 흔하게 일어난다. 7개의 흥미영역은 사실 교과 영역이다. 음률, 미술, 언어, 수·조작 등 교과에 해당하는 주제별 활동 자료를 영역별로 제공해주고, 해당 영역에서 가지고 놀면서 아이들이 각 교과에 해당하는 능력이 향상되기를 꾀하는 전략이다. 아이들에게 영역을 지키며 자료를 가지고 놀도록 규칙을 강조하고자 했던 손 교사의 의도는 어떻게 전개되었을까?

- 손 교사: 영애는 왜 수·조작 영역에서 가지고 놀아야 할 공깃돌을 역할영역으로 가져다 놓고 섞어서 놀았을까?
- 아이들: ………. (교사의 눈치를 살피며 대답을 못한다.)
- 손 교사: (아이들의 대답이 없자 문제를 해결하고 싶었던 교사가 상황을 설명하기 시작한다.) 그 공깃돌로 밥도 짓고, 국도 끓이고 싶었던 건가요?
- 아이들: (기뻐하며) 네!!
- 손 교사: 그러면 친구들은 공깃돌을 역할놀이 영역에서도 가지고 놀고 싶었던 건가요?
- 아이들: 네! 그래요!!
- 손 교사: 그런데 수·조작 영역에서 공깃돌을 가지고 놀고 싶은 친구들은 공기가 없으면 어떻게 될까요? 선생님이 공깃돌을 더 줄 테니까 역할놀이에서 가지고 놀도록 해요. 대신 영역을 지키며 가지고 놀기로 해요.

이야기를 풀어놓는 동안 손 교사도 웃고 말았다. 영역을 지키라는 규칙을 강조하고 싶었지만, 아이들의 놀이를 들여다보니 영역을 지키지 못할 이유가 너무나 충분했음을 스스로 알았기 때문이었다.

아이들의 놀이에서는 영역이 그다지 중요하지 않다. 교사의 의도대로 수·조작영역에서 공깃돌을 가지고 놀면서 수를 세거나 수량의 많고 적음을 비교하는데 사용하면 좋으련만. 영애는 공깃돌을 보고 밥을 지을 쌀이 될 수 있음을 상상하며 즐겁게 놀이하고 있었다. 이를 손 교사도 알았기에 규칙을 강조하기보다 역할영역에도 공깃돌을 더 제공해 주며, 영역을 지켜서 놀이하기를 간절히 애원하고 있었다.

손 교사 그런데 가만히 생각해보니 제 자신이 너무 웃긴 거예요. 아이들에게 영역을 지키라고 말하고 싶었는데, 저도 모르게 아이들의 놀이 모습을 이야기하면서 공깃돌을 더 꺼내주겠다고 약속해 버린 거죠.
구조화된 놀잇감은 매력적이긴 하지만 아이들이 잘 가지고 놀지 않아요. 차라리 공깃돌처럼 마음대로 바닥에 쫙!! 뿌릴 수도 있고 쌀도 될 수 있는 그런 장난감을 더 좋아하는 것 같아요. 그런 면에서 아이들을 이해하려고 애를 쓰지만, 공깃돌을 다 어질러놓고 사라지는 아이들을 보면 한숨부터 나오는 거예요.

교사는 영역별로 넣어둔 교구가 놀이 후 다시 제자리로 정리되길 원하지만, 아이들의 놀이는 영역에서만 이루어지지 않으며, 놀잇감을 섞어가며 놀고 있었다. 이런 놀이 모습에 손 교사는 영역을 지키라고 요구하면서도, 아이들의 놀이에서는 영역이 별 의미가 없음을 직감적으로 알기에 결국은 공깃돌을 더 꺼내어 주기로 약속하고

만다. 하지만 정리에 대한 고민은 늘 따라다닌다.

2) 섞어놀이에도 스토리가 있어요

김 교사 아이들이 무조건 섞는 것 같지만, 사실 스토리가 있어요. 이유가 있는 거죠. 손 선생님 반의 아이들처럼 공깃돌이 쌀이 되어 밥을 하죠. 그리고 밥하는데 필요한 냄비를 찾다가 없으면, 교구가 담긴 바구니를 가져가요. 그리고 밥을 먹은 후 버스를 타고 여행을 가기 위해 교실에 있는 의자를 모두 가져와 빈 공간에 줄지어 놓아요. 그리고 운전대도 필요하니 교실 구석에 놓인 훌라후프를 가져오면 교실의 모든 물건들이 섞이게 되고, 영역도 무너지는 것이죠.

이처럼 섞어놀이 속에는 나름대로의 이유가 있기 때문에 저도 허용하고 싶은데, 정리하는데 시간이 굉장히 오래 걸리잖아요. 급식실도 가야 하고, 제가 준비한 활동도 있는데, 시간에 쫓기게 되는 거예요. 그래서 제 나름대로 타협안을 찾은 게 매일 이렇게 섞어 놀게 할 수는 없고, 특정한 날을 정해서 마음껏 놀게 하고 대신 '정리하는 데도 2시간은 걸릴 것이다.' 하고 마음먹었죠.

김 교사가 말하는 '섞어놀이' 속 스토리는 유아들의 가상 놀이의 특징을 잘 드러낸다. 많은 학자들이 제시한 놀이의 특성을 잘 보여주고 있다.

> 놀이는 사실 그대로의 것이 아니다. 놀이는 놀이하는 사람의 흥미에 맞추어 현실의 왜곡과 가장이라는 요소를 포함한다. 이것은 유아기에 특징적으로 나타나는 상징놀이에서 특히 그러하다. 이 시기는 유아가 새로운 역할들을 실험해보고 상상하는 장면들을 놀이로 표현하면서 많은 시간을 보내는 시기이다.
>
> 유아교육의 본질과 놀이에 대한 이해
> 오채선, 2018년도 제 1차 유치원감 자격연수 자료

유아들은 놀이 안에서 현실과 가상세계를 왕래하며 다양한 스토리를 만들어낸다. 이 스토리는 어떤 대본도 없이 그날그날의 놀이 상황에서 즉흥적으로 구성되어 간다. 김 교사도 이러한 놀이의 특성을 잘 알고 있지만, 놀이 후 어질러진 교실을 정리하는데 꽤 긴 시간이 걸리는 것이 불편하다. 여러 학급이 공동으로 사용해야 할 급식실, 놀이터 등 물리적 환경의 제약과 교사가 계획한 수업도 실시해야 한다는 생각으로 늘 시간에 쫓기게 되는 것이다. 김 교사 나름 고민한 끝에 아이들의 놀이를 지지하고자 찾은 타협안은 '섞어놀이'의 날을 정한 것이다. 아이들의 놀이를 수용하려는 마음과 정리정돈에 대해 자포자기 하는 심정이 느껴진다.

3) 섞어놀이를 주도하는 바람결 같은 아이

김 교사 우리 반은 여자 아이들이 유독 섞어놀이를 많이 하는 것 같아요. 서윤이는 아이들 중 가장 먼저 유치원에 와요. 교실에 들어오자마자 쌓기놀이 영역으로 가서

종이벽돌로 집을 만들기 시작해요. 그곳이 부엌이라며 식탁이 필요하니까 작은 책상도 가져다 놓고, 미술영역의 의자도 가져다 놓은 거죠. 소파를 가져다 놓고 화장실이라고 하고, 소풍갈 때 필요하다며 가방도 가져와 놓아두니, 교실에 있는 것들이 다 섞이는 거예요. 그러다가 다른 친구가 와서, 선생님의 역할을 맡게 되면 교실의 책보기 영역이 학교가 돼요. 그곳에 연필, 지우개, 칠판도 가져다 놓고 유치원 선생님 놀이를 하다가 빈 공간으로 가서는 소풍놀이를 해요.

이렇게 상상을 더해가면서 놀고 나면 온 교실의 물건들이 섞이게 되죠. 아이들의 놀이를 지켜보고 있으면 충분히 이해가 돼요. '그렇지~ 내가 사는 집에도 부엌이 있고, 식탁이 있고, 화장실이 있으니 그렇게 노는 아이에게 놀지 말라고 할 이유가 없지.' 두 분 선생님 말처럼 '섞어놀이'에는 나름의 이유가 있지만, 놀이 후에는 정리하는 것도 중요한 일이라고 생각해요.
놀 때는 상상 속에 빠져있으니 정신없이 놀지만, 정리하라고 하면 아이들도 엄두를 못 내는 것 같아요. 애들은 정리하는 척하면서 또 놀잖아요. 정리하는 게 거의 제 몫이 되기도 하죠. 그래서 어떻게 섞어놀이가 전개되는지 며칠을 관찰했더니 늘 서윤이가 '섞어놀이'를 주도한다는 것을 알게 되었어요.

> 그래서 혹 다른 놀이를 경험하게 해보면 어떨까 해서 일찍 오는 서윤이와 다른 놀이를 해보기 시작했어요. 쌓기와 역할놀이 영역 이외의 다른 놀이를 함께 해보는 거죠.

'섞어놀이'라는 같은 형태가 나타나지만, 김 교사는 섞어놀이를 주도하는 서윤이에 대한 관찰과 접근으로 이 상황을 해결해 보고자 했다.

세 교사의 이야기를 들어보면, 영역을 무시한 채 놀잇감을 섞어 노는 행위에 대한 불편함도 있지만, 섞어놀이에 대한 이해의 시선도 드러난다. 그래서 세 교사가 섞어놀이에 대해 나름대로 이해하면서 해결해 가는 방법이 모두 다름을 알 수 있다.

이는 단순히 섞어 놀기 때문에 불편한 게 아니라 그 안에는 놀잇감의 종류와 수, 흥미영역으로 구획된 교실 공간, 아이마다 다른 놀이 성향, 가정이 아닌 공동의 공간인 유치원에서 지켜져야 할 시간 등 다양한 요인들이 얽혀 있음을 알고 있기 때문이다. 즉 놀이공간과 놀잇감과 같은 물리적 환경도 놀이에 영향을 주며 유아들을 둘러싼 다양한 인적환경(부모, 교사 등)과 성별, 성격과 같이 각 유아가 갖는 행동 특성도 놀이에 영향을 미치고 있음을 알 수 있다.

아무리 같은 공간에 같은 놀잇감이 제공된다 하더라도 똑같은 놀이가 일어날 수 없다는 의미이다. 놀이가 일어나는 상황은 대단히 맥락적인 것이다. 이는 각 놀이상황에 적합한 해결책은 그 안에서 찾을 수밖에 없으며, 곧 그 안에 몸담고 있는 아이들과 교사가 고민하며 해결해 가야 함을 시사하고 있는 것이다. 이를 교사의 입장에서 살펴보면 놀이를 지원하고 지지하는 것이 교사의 역할임을 알지만, 놀이를 지원하고 지지하는 것이 결코 단순하지 않다는 것을 알 수 있다.

세 명의 교사들은 교실의 흥미영역이 별 의미가 없음을 알면서도, 영역에 대한 압박을 깨기 무척이나 어려워 보였다. 섞어놀이에 대한 이야기를 통해 우리는 다음과 같은 질문을 던져보게 되었다.

〈섞어놀이에 대한 이야기를 통해 생긴 질문들〉

- 교실에 구획된 흥미영역은 어디에서 출발한 것일까?
- 왜 교사들은 7개의 흥미영역에서 골고루 놀기를 원하게 되었을까?
- 구획된 흥미영역이 아이들의 놀이를 방해한다면 다르게 구성할 수는 없을까?
- 교사들은 교실 안에서 구획된 흥미영역이 아이들의 놀이를 지원하는 환경이 아님을 알면서도, 흥미영역을 과감히 변경하거나, 아이들과 함께 의논하여 바꿔보는 방향으로 나아가지 못하는데, 어떤 이유에서일까?
- 많은 놀잇감이 있어야 놀이가 가능할까?
- 너무나 많은 놀잇감이 오히려 정리정돈을 어렵게 하는 것은 아닐까?

그렇다면 아이들의 놀이를 충분히 지지하면서도, 교사의 입장에서도 정리정돈에 대한 압박을 덜 받을 수 있는 방법은 무엇이 있을까? 우리는 교실이라는 공간에 대해 살펴보는 것이 필요하다는 결론에 이르렀다.

2. 소란스러움

김 교사 저는 소란스러움이 참 힘들어요. 특히 남자 아이들은 몸으로 노는 것을 정말 좋아하잖아요. 쌓기놀이 영역에서 블록을 쌓아 놀다가 헬리콥터로 변신했다면서 블록을 들고 온 교실을 헬리콥터 소리를 내고 돌아다녀요. 그 뒤를 경찰차라고 하면서 쫓아가면 도둑과 경찰이 되는 거죠. 이렇게 경찰놀이가 이루어져요. 그럴 때면 "선생님이 싸움놀이나 잡기놀이는 교실에서 안 된다고 했지요. 친구들이 다칠 수도 있으니까, 바깥에 나가서 하자."고 말하죠. 하지만 막상 바깥에 나

가면 또 다른 놀이를 해요. 한참 몰입해 있는 그 상황에서 빠져나오면 아이들 놀이는 멈추는 것 같아요. 조작영역에서 끼우며 놀이할 수 있는 조립용 장난감을 꺼내서 같이 놀았지만, 남자 아이들은 긴 관처럼 만들어 팔에 끼우더니 '칼'이라고 하면서 서로 공격하는 놀이를 하려고 하거나, 팽이를 만들어 돌리기 시작했어요. 아이들은 움직이고 싶은 욕구가 매우 큰 거 같아요. 그런데 교실에서는 그게 어렵잖아요.

정 교사 저도 지금 힘든 게 소란스러움이에요. 남자 아이들은 터닝메카드 공격놀이를 곧잘 하는데, 교실이 교구장과 사물함 등으로 가득 차 있어서 염려되지요. "선생님이 싸움 놀이는 안 된다고 했지요? 다치면 안 된다고 했지요?" 하며 주의를 돌리려고 퍼즐 같은 놀이를 같이 해보는데, 어느새 빠져나가요. 무슨 놀이를 하나 살펴보면 공룡 놀이를 하고 있어요. 가만 살펴보니 그런 놀이를 주도하는 아이가 있는데, 아이들이 그 아이하고 놀고 싶어해요. 다수의 아이들이 주도하는 아이를 추종하고, 그 아이가 안 놀면 다들 재미없어하고요, 주도하는 아이는 그런 관계를 즐기는 것 같아요.

곽 교사 놀이를 어떻게 생각하느냐에 따라 아이들의 놀이를 보는 눈도 달라지고 고민도 달라진다고 생각해요. 공룡놀이, 싸움놀이는 당연한 것 아닌가요? 그런데 교실이기 때문에 소란스러워서 교사가 불편한 것이겠지요. 당연히 아이들이 좋아하는 놀이인데, 못하게 할 게 아니라 어떻게 하게 할 것인지 생각해 보면 어떨까요? 공룡놀이, 싸움놀이를 강당이나 바깥에서 하라고 하면 또 잘 하지 않더라고요. 놀이를 꼭 교사 마음에 흡족하게 조용조용하게 놀 때 잘 논다고 해야 할 것인지 생각해 볼 필요가 있는 것 같아요. 제가 어릴 적 놀았던 것을 생각해보면 어른들 없이 우리끼리 놀았어요. 우리끼리 필요한 것 가져다가 약속 정하고 불편한 상황이 생기면 우리들 안에서 조정하면서 놀았어요. 그러다가 재미없어지면 다른 놀이를 했었죠.

김 교사와 정 교사의 이야기 속에서 소란스러움과 함께 아이들의 활발한 움직임이 느껴진다. 아이들은 놀 때 가만히 앉아서 놀지 않는다. 그래서 학급운영 연수 강의 자료집에 나와 있는 견해에 격하게 공감하게 된다.

놀이의 반대말은 일이 아니라 '경직성' 또는 '움직이지 않음'이다. 놀이는 모든 생명체의 필수적인 생명 특성이며 놀이가 없다는 것은 결국 불활성 형태에 있음을 말한다. Davis et al.(2008/2017)

- 누리과정 개정 방향에 따른 교육과정 재구성(이경화)

전교조 전남유치원위원회 학급운영 연수 강의 자료(2019. 2. 26)

아이들은 늘 움직이는 존재이며, 하고 싶은 것은 기어이 하고야 마는 존재이기도 하다. 두 교사가 아이들의 관심을 다른 곳으로 돌리려고 해보지만 결국 아이들은 자신들이 하고 싶은 놀이를 한다. 이에 대해 곽 교사는 어릴 적 놀이를 떠올린다. 어른들이 없는 골목에서, 하고 싶은 놀이를 마음껏 할 수 있었음을 상기하면서 놀이를 인정하고 지지할 방향에 대해 고민하자고 이야기한다.

40대 이상의 교사라면 어린 시절 골목에서 놀았던 추억을 공유할 수 있을 것이다. 그때는 아이들이 놀 수 있는 시간과 공간이 주어졌고, 자유로움 또한 주어졌다. 무슨 놀이를 누구랑 언제까지 할 것인지 순전히 노는 아이들의 몫이었다. 변변한 장난감도 없었지만, 주변의 모든 것들이 놀잇감이 되었고, 자신의 몸이 놀잇감이 되었다.

그러나 지금은 아이들이 놀 수 있는 골목도 시간도 사라졌다. 8시간을 기관에 머물러있고, 가정은 식사와 잠자리를 제공하고, 기껏해야 주말쯤 가족과 시간을 보내는 정도의 기능을 하고 있다. 놀잇감 또한 굳이 찾아야 할 이유가 없다. 수많은 놀잇감들이 상품으로 아이들 앞에 배달되고 있고, 유치원에서도 교육적인 놀잇감들을 수시로 제공해준다. 놀잇감이 없어서 못 노는 시대가 아니라 너무나 많아서 고민해야 하는 시대이다.

너무나 많은 놀잇감을 주면서도 부모와 교사 모두 아이들이 시야에서 사라지면 불안과 걱정에 휩싸인다. 다칠까 봐, 전전긍긍한다. 현재 아이들의 삶이다.

그렇다면 하루 8시간을 머무는 유치원에서의 놀이는 어떤 모습이어야 할까? 놀이의 반대말이 '일'이 아니라 '경직성' 또는 '움직임이 없는 상태'라면 아이들의 본능인 움직임에 대한 욕구를 유치원에서

라도 충족할 수 있어야 한다. (물론 경직성 또는 움직임이 없는 상태라는 것은 신체적으로 가만히 있는 것만을 의미하지는 않을 것이다.) 오죽했으면 누리과정에서도 하루 최소 60분 이상을 대근육 활동을 포함한 바깥놀이를 실시하도록 제시하였을까? 하지만 60분 만으로도 아이들의 움직임에 대한 욕구를 채우는 데는 턱없이 부족해 보인다. 아이들을 키워본 부모라면 누구나 공감할 것이다. 잠시도 가만히 있지 않은 아이들, 그래서 부모들이 식당에라도 갈 때면 가만히 앉혀두기 위해 스마트 폰으로 영상을 보여줄 수밖에 없음을 말이다.

놀이 과정에서 움직임과 함께 동반되는 소란스러움이 자연스러운 것이라면 교사들은 교실에서 소란스러움과 움직임이 불편하더라도 참아내야 한다. 또한 교실의 환경 구성도 유아들의 움직임을 존중하고, 반영할 수 있는 방향으로 이루어져야 할 것이다. 교실에서 움직임과 소란스러움을 참아내는 것보다 훨씬 쉽게 접근할 수 있는 방법으로 바깥놀이를 생각해본다. 바깥놀이 시간을 충분히 주는 것은 어떨까?

교사들은 바깥놀이에서 아이들이 움직인다거나 소란스럽다는 이유로 제지하지는 않는다. 하루에 60분이 아니라 절반 이상을 바깥에서 보내는 시도를 해보는 것은 어떨까?

그런데 많은 교사들은 아쉽게도 충분히 뛰어놀 수 있는 바깥놀이에 많은 시간을 할애하지 않는다. 움직임이 많은 만큼 안전사고에 대한 위험도 많은 곳이기 때문이다.

움직임이 아이들의 본능이며 성장에 있어 필수라면 교사들이 할 일은 이를 보장하고 어떻게 하면 움직임의 욕구를 충족시킬 수 있는 환경으로 나아가게 할 것인가 함께 고민해야 할 것이다.

3. 이상적인 놀이와 현실

김 교사 저는 아이들과 교실에서 노는 게 자신이 없어요. 그래서 바깥놀이를 많이 가는데, 옆 반 선생님은 비 오는 날에도 매일 가더라고요. 그 동안 비 오는 날 아이들이 밖으로 나가자고 하는 것을 "우산을 다 안 가져왔잖아요." 하며 안 나갔죠. 사실 삼삼오오 짝을 지어 같이 우산 쓰고 갈 수도 있는데 말이에요. 그런데 모처럼 비 오는 날 아이들 데리고 밖에 나갔는데, 아이들이 힘들어 하는 거예요. 만 4세반에서 올라온 지 2주 밖에 안됐는데, 제 욕심이 앞선 거지요. 아이들에게 물어보고, 아이들을 살피면서 놀이도 이뤄져야 하는 것 같아요.

김 교사 아! 저도 비슷한 경험이 있어요. 비 오는 날 애들 데리고 밖으로 나갔죠. 제 머릿속에는 비옷을 입고 웅덩이에 자신의 모습을 비춰보기도 하고, 물 튕기기도 하면서 애들과 자연친화적으로 놀고 싶었는데 아이들이 하는 말 "선생님~ 이제 그만 유치원 가요!"였어요.

아이들이 즐거워할 줄 알았는데, 현실은 그게 아니었어요.

두 교사의 이야기를 들어보면, 교사들이 생각하는 이상적인 놀이의 모습이 나름 있는 듯하다. 교사가 생각하는 이상적인 놀이를 다른 말로 바꿔보자면 교사가 계획한 놀이이다. 교육적 목표를 가지되 유아들이 즐거워할 만한 놀이의 요소를 더해 교사가 유아들을 생각하며 계획해 본 놀이스러운 수업이라고 말할 수 있다.

비가 오는 날이면 빗방울 소리를 들어보고, 손바닥에 떨어지는 빗방울의 감촉을 느껴보며 비에 대해 탐색하기를 바라지만, 아이들은 장화 신은 발로 첨벙거리기 일쑤이다. 교사들은 서서히 난감해지기 시작한다. 아이들의 주의를 의도한 대로 이끌어보려고 "어머! 얘들아~ 선생님, 우산 위로 빗방울이 떨어지네요. 어떤 소리인지 들어볼래요?" 하지만 아이들은 아랑곳하지 않는다. 빗물 웅덩이를 뛰어넘다가 이내 두 발로 웅덩이에 첨벙 뛰어들면서 사방으로 물을 튕기고 고함치며 서로 도망치는 장면! 교사들이라면 누구나 한 번쯤은 경험했을 것이다.

이렇게 교사들이 계획하고 준비하는 이상적인 놀이와 아이들이 빠져드는 놀이 사이에는 꽤나 큰 간극이 존재한다. 이미 어른인 교사들이 아이들의 행동과 마음을 전적으로 이해하고 지지할 수 있을까? 그렇게 노는 아이들을 기어이 교사가 의도한 놀이의 모습으로 이끌어오는 것이 바람직한 것일까? 아이들이 하고자 하는 놀이와 교사가 의도하는 놀이 사이의 간극을 줄일 수 있는 방법이 있다면 무엇일까? 계획과 실제가 어긋났을 때 우리는 계획을 보류할 수 있는 유연함과 여유로움을 가지고 있는가?

교사의 놀이 계획 속에 아이들의 목소리를 담을 수 있는 방법은 무엇이 있을까? 사실 유치원에서의 하루일과는 교사에 의해 주도되고 있다. 일과의 시간표를 짜는 것도, 생활주제를 짜는 것도 모두 교사가 하고 있다. 김 교사의 말처럼 아이들의 놀이를 자세히 살피고, 그들에게 물으며 유치원의 공간과 시간을 구성해 간다면, 교사가 생각하는 이상적인 놀이와 현실 사이에서 간극을 좁힐 수 있지 않을까?

'교실에서 노는 게 자신이 없어 바깥놀이를 나간다'는 김 교사의 말은 마음을 아프게 한다. 교사가 놀이에 자신이 없다는 것은 놀이를 즐길 수 없다는 것이다. 교사가 놀이를 즐기지 못하는데, 아이들이 즐기는 놀이를 느끼고 이해할 수 있을까? 어느 학교급의 교사보다 아이들과 노는 일이 유아교사의 일이었는데 어쩌다가 우리는 놀이에 자신이 없어져 버린 것일까?

우리가 생각해 온 놀이에 대해 되물어야 할 때가 온 것 같다. 놀이를 통해 아이를 성장시켜야 하고, 내가 하는 것은 바람직한 놀이인가 아닌가를 끊임없이 물으며 자책하도록 만든 것은 무엇일까? 다른 교사의 놀이 모습 속에 더 좋은 놀이가 있을 것 같은 느낌은 무엇 때문일까? 가짜 놀이와 진짜 놀이를 찾아 헤매던 것들이 오히려 우리로 하여금 놀이로부터 도망치게 만들지 않았을까?

하지만 김 교사의 이야기 속에 나름의 실마리도 보인다. 아이들에게 물어보고 아이들을 살피며 놀이가 이루어져야 한다는 것! 김 교사가 만나고 있는 아이들은 다른 교사들은 만날 수 없는 자신이 유일하게 만나고 있는 '지금 여기'의 아이들이다. 이 아이들과 함께 찾아가는 것이 놀이여야만 한다. 또한 다른 교사의 놀이를 엿보고 함께 배우되 자신의 교실 놀이는 또 다른 모습으로 펼쳐질 수밖에 없으므로 각자가 자신감을 가져보자.

4. 교사는 감시자인가?

진 교사 바깥놀이를 많이 하고 싶은데 안전 때문에 위축될 때가 많아요. 자잘하게 다쳐보지 않은 아이가 큰 사고를 당하는 것 같은데, 그 경계 세우기가 참 어려운거죠. 얼마 전 한 아이가 역할놀이 영역의 놀이집 지붕에 올라가 있길래 "뭐하는 거니?" 물었더니 "망치질하는 모습을 흉내 내면서 집을 고치고 있어요." 하는 거예요. 순간 난감했어요. 이것을 허락해야 할지, 말아야 할지….

송 교사 저도 일상에서 작은 사고를 겪어보지 않은 아이들이 크게 다친다는 것에 공감해요. 그래서 저도 아이들이 하는 것을 많이 허용한다고 생각하는데, 아이들은 놀다가 내 눈치를 살필 때가 있어요. 아이들은 교사가 교실에 있다는 것만으로도 나를 감시자로 보는 거 같아요. 아이들이 다칠까봐 지켜보게 되는데, 아이들은 지켜보고 있는 저를 의식하는 거지요. 위험한 상황에서는 제지하니까 감시로 생각하는 것 같아요. 이런 문제를 해결한 선생님이 있다면 의견을 듣고 싶어요.

김 교사 현재 4명의 아이들과 생활하는데 교실이 너무 넓어 둘로 분리해서 사용하고 있어요. 아이들은 제 눈이 미치지 않는 곳에서 더 놀고 싶어 해요. 안전사고도 염려되고, 교사로서 아이들 곁에 항상 있어야 한다는 생각 때문에 내다보면 아이들이 멈칫하더라고요. 잘 노는지 확인하려고 하는데, 아이들이 하는 말 "선생님~ 문 닫고 나가주세요."였어요. 아이들이 잘 놀고 있음을 믿으니까, 문은 닫고 나왔지만 방임하면 안 되니까 아이들을 한 번씩 살펴보려고 노력해요.

세 교사의 이야기 속에는 아이들의 놀이를 위한 교사의 역할에 대한 고민이 묻어난다. 아이들은 놀이에서 늘 무엇인가를 시도하는데 안전을 위한 경계는 어디쯤인 것인지 혼란스러워했다. 또 아이들이 다칠까 봐 지켜보는 자신을 감시자로 인식하는 아이들의 시선에 불편함을 느껴서 이것을 해결하고 싶은 고민, 아이들만의 놀이를 믿어주고 싶지만 방임이라는 이야기를 들을까 봐 아이들의 눈치를 살피는 고민까지.

날마다 교사들은 조력자와 감시자 사이 어디쯤에서 그 역할을 수행하고 있을 것이다. 하지만 교사의 역할은 단순히 교사 자신의 시각으로만 결정되는 것은 아니다. 특히 안전과 관련된 부분은 부모 및 관리자의 시선과 저 출산이라는 사회 문제가 그대로 교사에게 투영되어, 늘 아이들을 자신의 시야에 붙잡아 두고자 하는 감시자의 역할이 커졌다.

과거에 비해 교사들이 아이들로부터 눈을 떼지 못하게 되는 일은 최근 들어 더욱 강화되고 있다. 부모들은 하나 또는 둘밖에 없는 소중한 아이들이 다치지 않고 안전하게 놀기를 바라며, 유치원은 안전해야 한다는 생각이 공고하다. 또한 안전사고는 곧장 학부모의 민원으로 연결될 가능성이 높으므로, 교사도 매우 민감할 수밖에 없다.

교사들 사이에서 떠도는 말이 있다. 안전사고가 일어나면 가장 먼저 받는 질문이 "사건이 일어날 당시 교사는 무엇을 하고 있었나요?"라는 얘기다. 그런 질문이 사실인지 아닌지는 모르겠으나, 그만큼 교사들이 안전사고에 있어 촉각을 세우고 한시라도 자신의 시야에서 아이들을 놓치지 않고 지켜보게 되는 이유이다. 그러나 교사가 그 상황에 있지 않았다는 것만으로 방임이라고 할 수 있을까? 이렇게 교사 또한 눈에 보이지 않는 시선으로부터 자유롭지 못하다. 20명의 아이들뿐만 아니라 그 부모까지도 늘 교실에 함께 그림자처럼 따라다니고 있는 것이 현실이다.

교사들이 말하는 조력자와 감시자의 의미를 좀 더 드러내 보면 아이들과 어떤 관계를 맺을 것인지와 연결된다. 조력자는 아이들의 놀이를 인정하고 믿어주며, 놀이 안에서 일어나는 시도, 실수, 실패, 도전과 같은 귀중한 것들을 발견하며 지지하려는 역할일 것이다. 아이들이 감당할 수 있는 위험에 대처하면서 성장함을 알기에 가급적 위험을 이유로 아이들의 도전을 제지하기 보다는 지지하려는데 비해 감시자는 아이들의 놀이를 바라보지만, 그 의도에 관리라는 뉘앙스가 스며들어있다. 교사들은 감시자의 역할보다는 조력자의 역할을 보다 원하고 있으며 조력자로 나아가야 할 방향을 찾고 싶어 했다.

아이들의 입장에서 생각을 해보자. 아이들은 어떤 때 교사를 조력자가 아닌 감시자로 생각할까? 자신들만의 놀이를 하고 싶은데 교사가 불쑥 불쑥 들어올 때, 새로운 도전과 시도를 해보고 싶은데 저지당할 수 있겠다는 생각이 들 때, 나만의 놀이를 하고픈데 늘 누군가가 나를 쳐다보고 있다는 느낌이 들 때가 아닐까 싶다. 교사라는 직업을 떠나 나라는 사람을 누군가 종일 지켜보고 있다고 가정해보자. 과연 어떤 느낌이 들까?

교사들은 언제부터 한시도 아이들로부터 눈을 떼지 않고 지켜봐야 한다는 임무를 부여받은 것일까? 어린 시절 우리들은 어른들의 눈에 띄지 않는 곳에서 참 많이도 놀았다. 구석진 담벼락 아래에 종이상자를 구해 지붕을 만들고, 그곳에 소꿉놀이할 만한 것들을 보물처럼 죄다 모아 두었던 기억! 그것은 누구에게도 발설할 수 없고 발설해서도 안 되는 우리들만의 비밀기지였다. 비밀기지를 공유한 친구들은 그곳에서 놀 때마다 비밀을 하나씩 더 쌓아가며 더욱 친한 친구가 되어갔었다. 그런데 아이들을 잘 지켜보면 곧잘 자신들만의 비밀기지를 만든다. 책상 밑으로 들어가 이불을 덮어놓기도 하고, 특히 여자 아이들은 놀이집 안에서 이것저것 꾸미기를 좋아한다. 역할놀이 영역에 실내용 텐트를 설치해 주었는데, 자꾸만 지퍼를 올리고 문을 닫으며, 자기들끼리 놀고 싶다고 외쳤다.

조력자와 감시자 사이에서 고민하고 있는 교사들의 이야기를 들으며 떠올랐던 일본 오가타 다카히로의 이야기를 소개해 본다. 오가타 다카히로는 1998년부터 '일본기지학회'라는 비밀기지 연구단체를 시작한 재미있는 이력의 소유자다. 그가 쓴 책 「비밀기지 만들기」에는 다음과 같은 글이 있다.

실패를 통해 미래를

사람은 자아가 싹틀 무렵부터 자신만의 공간을 필요로 한다. 또 친구를 사귀면서 공동 작업을 하고, 그 안에서 역할을 분담하는 따위의 사회성을 배운다. 비밀기지 만들기는 바로 이 시기, 어른이 되어가는 과정에 필요한 놀이다. 내가 어렸을 때에 비하면 요즘은 비밀기지 만들기가 쉽지 않아 보인다. 그런데도 여전히 비밀기지의 흔적을 곳곳에서 찾을 수 있다. '요즘 아이들도 우리 때랑 다를 게 없구나.'라는 생각이 들면 무척 듬직하게 느껴진다. 비밀기지를 만들다 보면 어른들이 정해 놓은 규칙을 벗어날 때가 있다. 이 때 아이들은 갖가지 실패를 경험하면서 사회구조의 옳고 그름을 판단하는 힘을 기른다. 아이들의 미래를 위해 반드시 필요한 부분이다. (13쪽)

위험을 배우는 삶을 위해

비밀기지를 만드는 일에는 장소와 구조라는 측면에서 위험이 따를 수밖에 없다. 처음에는 보호자나 교사의 도움을 받아도 좋다.

- 중략 -

위기 상황을 겪어보지 못한 아이들은 실제 위험에 둔감하다. 비밀기지 만들기란 크고 작은 위험을 경험하는 일과 같다. 비밀기지 만들기

> 체험을 통해 우리는 누구도 가르쳐주지 않은 소중한 것을 배웠다. 인생을 살아가는데 필요한 용기와 지혜를. (14쪽)

안전사고를 사전에 예방할 수 있는 환경과 약속은 필요하지만, 위험을 완전히 제거한 현실이란 있을 수 없으며, 위험을 경험함으로써 자신의 몸과 마음을 더욱 잘 돌볼 수 있는 힘을 기르게 된다. 그렇다면 교실이라는 공간에서 아이들이 교사를 감시자 보다는 조력자로 느낄 수 있으려면 어떤 관계를 맺어야 할까? 여태껏 우리의 교실은 교사가 아이들을 잘 살필 수 있는 구조였다. 만약 교실 안에 아이들만의 비밀기지가 생겨난다면 당신은 이 공간에서 일어나는 놀이를 지지할 수 있는가?

교사는 이러한 공간 안에서 일어날 놀이를 믿고 지지해 줄 수 있도록 아이들과 신뢰의 관계를 맺어야 할 필요가 있다. 신뢰의 관계에 기반 한다면 아이들은 교사를 조력자로 느낄 수 있을 것이다. 아무리 교사의 역할에서 감시자의 모습을 떼어 내려 해도 완벽하게 떼어낼 수는 없을 것이다. 그것은 교사와 아이들의 입장이 다르기 때문에 생겨날 수밖에 없는, 한 공간 안에 머물기 때문에 필연적으로 생길 수밖에 없는 모습이다.

교사가 사라지면 아이들은 자유롭게 놀 수 있을까? 그렇지 않다. 그래서 교사 스스로가 감시자로 비춰지는 자신의 모습을 떠올리며 '나는 아이들을 감시하는 나쁜 교사다'라는 부정적인 굴레를 씌우지 않기를 바란다. 단 아이들과의 신뢰 관계를 세워가면서 아이들의 놀이 의도를 반영하고, 아이들과 함께 새로운 환경을 만들어가도록 지속적으로 노력해야 할 것이다. 이 과정에서 아이들은 다양한 시도와 도전, 모험을 즐김과 동시에 그에 따르는 책임감도 자연스럽게 배우게 될 것이다.

아이들, 어떻게 놀고 있지?

3, 4월 교사들은 교실에서 일어나는 놀이 상황에 대한 어려움과 혼란스러움 등을 꺼내놓았고, 우리는 교사들의 이야기를 다음과 같이 정리해 보았다. 그 결과 '우리 모두가 아이들의 놀이를 지원하려고 노력하지만 결코 쉽지 않구나! 하지만, 아이들의 놀이를 지지하고 지원하려는 마음만큼은 인정해야겠구나!' 하는 서로에 대한 토닥임과 동료의식을 느낄 수 있었다.

실제 교실에서 일어나는 놀이는 다양한 요소들이 얽히는 가운데 나타나는 것으로 대단히 상황 중심적(맥락적)임에도 불구하고, 우리는 그간 배웠던 이론에 대해 다시 질문하거나, 아이들의 놀이에서 해답을 찾으려 하지 않았다는 것을 깨닫게 되었다. 너무 이론을 맹신했다고 할 수도 있고, 그냥 배운 것이니 그대로 적용해 보려는 정도의 시각에 머물러 있었던 것이다.

그동안 유아교육이 유아중심이며 놀이중심이라는 말은 수도 없이 해왔지만, 정작 유아들의 입장에서 놀이가 무엇인지에 대해 제대로 고민해 본 적이 없었음을 고백할 수밖에 없었다. 조금 더 솔직하게 말하자면, 맥락적이고 역동적인 놀이를 교사들이 이해하고 따라가기 버거웠던 게 사실이라는 점을 인정해야 한다는 것이었다. 이제 우리가 해야 할 일은 이론으로 배웠던 놀이가 아니라 아이들의 놀이로부터 다시 놀이를 배워야 할 필요가 있음을 깨닫게 되었다. 이에 아이들의 놀이 영상을 함께 보면서 놀이에 대해 이해하려고 노력하였다.

1. 재미있으면 하고 또 하고 (놀이의 흥미와 자발성, 반복성)

만 5세 유아들의 자유선택활동 시간 중 결혼식 놀이 장면(2018. 4.)

- 도희: (하객들이 앉기로 한 의자로 다가가며 마이크를 잡고) 자, 하객 분께서는 자리에서 핸드폰을 꺼 주시기 바라며 가만히 조용히 있어 주시기 바랍니다. 돌아다니시는 사람은 여기에 신고하겠습니다. 딩~동~댕!
- 승호: 야 조용히 하래.
- 도희: 자 먼저 담이와 나연이의 결혼식이 시작되겠습니다. 시작~

(나연이와 담이가 사회자 반대편으로 웃으며 간다.)

- 가영: 야 잠깐만. 저기 종이 찢고 있어.
- 도희: (언어영역 쪽을 보다가 미술영역으로 들어가서) 종이 찢을 시간을 줘
- 미술영역 친구1: 맞아 나도. 찢어 찢어.
- 미술영역 친구2: 쪼금만 기다려 주세요.

(신랑과 신부는 계속 자리에 서 있다.)

(A4 용지를 들고 미술영역으로 뛰어가는 아이, 신랑과 신부에게 말을 거는 아이, 하객용 의자에 앉아서 무엇인가를 그리고 있는 아이들)

- 도희: (미술영역에서 종잇조각이 들어 있는 바구니를 들고 나오며) 마이크 이리 줘! 마이크 주는 사람 이 놀이 시켜줄게.
- 시훈: 마이크 준 사람이 신부하려고 그래요.
- 도희: (바구니를 들고 앞으로 걸어가며) 10, 9, 8, 빰 빠라라라 빰 빠라라라 (바구니에 든 종잇조각을 신랑 신부 머리위에 뿌린다)

(신랑 담이와 신부 나연이가 손을 잡고 도희의 맞은편에서 걸어 나간다. 신랑 신부는 웃고 있고 도희는 쓰러질 듯이 자지러지게 웃으며 바닥에 떨어져 있는 종잇조각을 다시 모은다.)

곽 교사 교사가 제안하지 않았는데, 아이들이 유치원에 오더니 시작한 놀이에요. 노란 옷을 입은 도희가 주도하고 있어요. 하객들이 된 아이들이 죽 앉아 있고요.

박 교사 어머머~ 신부 보세요. 예쁘게 보이려고 사랑표 날리고 진짜 좋아하네. 시간이 꽤 지났는데 아직도 결혼식은 못하고 있어, 결혼식은 언제 할까?^^

김 교사 정신없이 분주하고 소란스러워서 나는 누가 신랑인지도 모르겠어요.

곽 교사 지금 아이들은 신랑, 신부에게 뿌릴 종이가루를 만드느라 바빠요. 영상에 다 담진 못했지만, 미술영역을 왔다 갔다 하면서 종이를 자르느라고 분주했어요. 제가 이 영상을 함께 봤으면 한 이유는 교사가 생각하는 결혼식 놀이와 아이들이 즐기는 결혼식 놀이는 다르다는 거예요. 보통 교사들은 극 놀이에서 역할을 정하고 정해진 시나리오대로 하는 게 놀이라고 생각하는데, 아이들은 자신들에게 재미있고 의미 있는 장면만 계속 반복하는 거지요. 애들은 결혼식 놀이 중에서도 종이 뿌리는 것을 제일 재미있어 했어요. 꽃가루로 뿌릴 종이를 찾아 우르르 미술영역으로 몰려가서 만들더니 다시 와서 결혼식 놀이를 하는 거예요.

김 교사 결혼식 놀이 장면을 보니까 저라면 아이들이 요구하기도 전에 놀이를 풍부하게 하기 위해 이것저것 하도록 제시했을 거예요. 결혼식이니까 축가도 부르고, 악기도 연주하기를 제안하면서 (교과적으로) 접근하는 거죠.

조 교사 보통 5월이 되면 우리 가족을 주제로 활동하면서, 결혼식 놀이를 해보기도 하죠. 그럴 때면 교사가 주도해서 결혼식 놀이를 제안하고, 역할을 정하고, 필요한 소품을 정해서 만들고, 대본도 만들어가면서 뭔가 완성된 형태의 연극을 요구하고 있다고 할까요? 그런데 곽 선생님반 아이들은 주제와 상관없이 자유선택활동 시간에 하고 있는 거잖아요. 저 같았으면 개입하고, 제 의도대로 되지 않으면 신경질 나는데….

김 교사 우리 반에서 저렇게 놀이했다면 저도 개입했을 거 같아요. 특히 빨간 옷 입은 친구가 자꾸 눈에 거슬리는 거예요. 결혼식 놀이와 상관없이 결혼식장 바닥에 누워 있잖아요. 그런데 선생님은 가급적 놀이를 지켜보면서, 아이들이 도움을 요청하면 도와주시네요.

곽 교사 저 빨간 옷을 입은 아이는 결혼식 놀이를 하러 온 아이가 아니에요. 쌓기 놀이를 하다가 잠깐 들어온 아이거든요. 영상에서 보이지 않지만 아이들 여러 명이 블록 놀이를 하고 있어요. 각자 하고 싶은 놀이를 하고 있는 거예요. 그래서 빨간 옷 입은 아이의 행동이 저는 별로 불편하지 않았어요. 놀이를 방해하는 것으로 보이지 않았으니까요.

이 장면을 보며 이야기 나누는 동안 교사들의 놀이에 관한 고민 중 이상적인 놀이와 현실에 관해 대화했던 장면이 겹쳐진다. 곽 교사의 말처럼 교사들은 아이들의 결혼식 놀이 장면을 보면 결혼식을 극놀이로 연결하고자 한다. 극놀이를 위해 역할을 정하고 소품과 무대를 만들어 예술적 경험을 제공하고자 하며, 초대장을 쓰면서 언어적 경험과도 연결 짓고자 한다. 하지만 영상 속 아이들은 종이 가루를 뿌리는 것에서 굉장히 즐거움을 느끼고 있었고, 몇 번이고 그 장면을 반복했다. 아이들은 흥미로부터 출발한 자발적인 놀이 속에서 몰입을 경험하고 있었다.

교사들이 보기에는 허술하기 짝이 없는 결혼식이지만, 아이들에겐 별로 중요치 않았다. 교사들은 자주 놀이를 교육과 연결지어, 놀이를 의미 있는 경험으로 이끌고자 한다. 이러한 과정에서 교사의 의도와는 다르게 오히려 놀이의 흥이 깨지기도 한다. 그러나 아이들은 교육적 경험보다 놀이 그 자체에 빠져 즐기고 있었다. 이는 곧 과정 지향적인 놀이의 특성을 잘 보여주는 것이다. 섣부른 개입보다는 놀이를 지켜보며, 도움을 요청할 때를 기다리는 것도 필요한 것으로 생각을 모았다.

2. 바깥놀이는 언제나 좋아요 (움직임의 욕구, 주도성)

김 교사 저는 바깥놀이 시간을 많이 주려고 노력해요. 왜냐하면 교실이라는 공간보다 바깥의 공간이 아이들과 교사 모두에게 스트레스를 낮춰주니까요. 특히 교실은 영역이 나뉘어있고, 아이들은 놀잇감을 섞어서 놀기를 좋아하죠. 놀 때는 좋았지만, 막상 정리하라고 하면 아이들도 힘들어 하잖아요. 정리하면서 다시 놀기도 하구요. 그럴 때 "정리 빨리 안 하면 바깥놀이 못 나가겠네. 시간이 벌써 많이 흘러버렸네." 하면 "안돼요!!!"하면서 잽싸게 정리해요.

진 교사 저는 바깥놀이가 정말 놀이라고 생각하는데, 바깥놀이로 아이들에게 흥정하는 건 너무나 잔인한 일이라 생각해요.

김 교사 (웃으며) 그렇긴 하죠. 근데 정리 효과는 엄청 짱이죠.

조 교사 바깥놀이 가면 어떤 놀이를 하든지 크게 위험하지 않다면 자유롭게 놀 수 있잖아요. 공룡놀이든 잡기놀이든 흙 놀이든, 벌레관찰 등 아이들이 원하는 것을 할 수 있어요. 그런 아이들을 가만히 살펴보면 각자가 빠져드는 것들이 있어요. 그러다가 그것이 공동의 관심으로 옮겨가기도 하구요.

김 교사 우리 반 아이들은 올해에 잡기놀이에 푹 빠져있어요. 특히 도둑경찰 놀이를 몇 달째 하고 있어요. 아이들도 바깥에서는 서로에게 훨씬 너그러워지고, 함께 놀기 위해 타협하는 모습을 보게 돼요. 교실에서는 장난감을 서로 가지고 놀겠다고 다투지만, 바깥에서는 주로 몸으로 많이 노니까요. 우리 반 아이들이 도둑경찰놀이를 계속하고 싶으니까, 약속을 만들어가면서 놀더라고요.

혼합연령반 8명 아이들의 잡기놀이 장면(2018. 6. 19.)

- 교사: 오늘은 바깥에 나가면 무슨 놀이할거니?
- 시윤: 도둑경찰 놀이할거에요.
- 가영: 맞아! 우리 도둑경찰놀이 할거지.
- 교사: (놀이에 대해 모른 체하며 슬쩍 묻는다) 도둑경찰 놀이는 어떻게 하는 건데?

- 민호: 그거 경찰이 도둑 잡으러 가는 거예요.
- 원기: 나도 할 거예요.
- 교사: 선생님도 같이 하고 싶은데, 도둑경찰놀이 하는 방법 더 자세히 말해주면 좋겠다. (아이들이 설명하는 내용을 교사가 종이에 적어나간다.)

[도둑경찰놀이 규칙]

1. 경찰 4명, 도둑 4명을 정한다.
2. 경찰이 된 친구들은 표시를 한다. (모자나 조끼)
3. 쉬는 친구는 밖으로 나와서 앉는다.
4. 타임은 10까지만 한다.

그동안 해왔던 놀이에서의 규칙을 한 번 상기해보고, 신나게 놀이한다. 쫓고 쫓기는 놀이에서는 갈등이 생기기 마련이다. 도망치고 싶었지만 잡힌 아이가 울기도 하고, 막내인 원기는 잡히기 일쑤여서 "형은 왜 나만 잡아!"하며 징징거린다. 경찰에게 잡힌 것도 속상한데 감옥에 넣겠다고 끌고 가는 친구에게 악을 쓰기도 한다.
아이들을 진정시키고 다시 의논해 보니, 새로운 약속들이 생겨난다.

5. 도둑은 잡히면 스스로 감옥으로 간다.
6. 넘어진 사람은 잡지 않는다.
7. 도둑이 타임을 외치면 경찰은 한발 떨어져서 숫자를 센다.
8. 동생 원기는 깍두기 역할로 봐주면서 한다.

1. 경찰 4명, 도둑 4명 정한다. (●기는 맛있는 깍두기)
2. 민●, 시●이만 모자 다른 친구들은 조끼
3. 쉬는 친구는 밖으로 나와서 돗자리 앉기
4. 타임은 10까지만 한다. ☆타임하면 딴 발 떨어져서 숫자 세기.
5. 잡히면 도둑이 스스로 감옥으로 간다.
☆6. 넘어진 사람은 잡지 말기

〈놀이과정에서 계속 추가되는 놀이규칙〉

김 교사 사실 저 놀이 규칙은 하루 만에 만들어진 것이 아니에요. 계속 같은 놀이를 하면서 만들어졌고요, 또 놀이에 누가 참여하느냐에 따라 유연하게 아이들이 변화시켜 갔어요. 다섯 살인 원기는 늘 잡히기 일쑤고 잡는 것도 어려우니 제가 제안을 했죠. 선생님도 어렸을 적에 이런 놀이 해봤는데 동생들은 봐 주면서 했다고, 그것을 깍두기라고 부른다고 얘기해 줬더니 그 후로 원기 별명이 깍두기가 되었어요. 급식실에서 메뉴로 나온 깍두기를 보고 시원이가 하는 말이 "야! 원기가 여기 있다~ 깍두기."라고 말해서 모두 깔깔깔 웃었지요.

조 교사 선생님은 아이들에게 바깥놀이 나갈 때 어디에서 무

엇을 하고 싶은지 묻나요?

김 교사 아이들마다 놀고 싶은 장소가 달랐어요. 특히 작년에는 그네가 있는 초등학교 놀이터를 좋아했고, 솔방울이 많이 떨어지는 솔방울 언덕에서 미끄럼 타는 것도 좋아하니 서로 가고 싶은 곳이 달랐어요. 그래서 바깥놀이 전에 아이들과 의논하게 되었어요. 올해는 부쩍 잡기놀이에 재미를 붙이면서 유치원 놀이터를 좋아하게 되었고요. 이 놀이는 몇 달 동안 계속되고 있는데, 한 가지 놀이를 이렇게 지속할 수 있다는 것에 놀랐어요. 특히 우리 반은 혼합연령이라 신체능력에 차이가 있기 때문에 빨리 뛰지 못하는 아이는 계속 잡히니까 싸움도 일어나더라고요. 그런데 놀이를 그만하는 게 아니라, 그런 갈등을 겪으면서 규칙을 계속 바꿔가며 노는 모습에서 놀이의 힘을 느꼈어요. 아이들 안에서 놀이를 잘 이끌어주는 아이도 생겨나고 서로의 마음을 읽어주는 모습이 참 감동이었어요.

유아기의 신체 발달은 아주 중요한 과제이다. 유아들은 몸으로 세상을 배운다. 그래서 움직임의 욕구가 많은 아이들에게 바깥 놀이 시간을 충분히 제공하는 일은 꼭 필요하다. 한때 교사들은 바깥놀이마저 생활주제와 관련된 활동으로 제공하려고 했던 적이 있다. 주제를 탐구할 수 있는 바깥활동을 제시하더라도 활동의 선택 여부는 유아에게 줄 수 있어야 한다. 이 대화를 통해 바깥놀이만이라도 생활주제에서 벗어나 자유롭게 놀이할 수 있다면 좋겠다는 생각을 하게 되었다.

3. 생활주제와 상관없이 놀아요 (놀이의 무목적성, 과정지향성)

이 교사 10명의 혼합연령 재원생 아이들과 만나고 있어요. 지금 우리 반 아이들에게 가장 인기 있는 놀이는 go~ 슛! 팽이놀이에요.

박 교사 팽이놀이는 모든 유치원에서 인기가 있나 봐요. 안하는 유치원이 없네요.

김 교사 그러게요. 참 신기한 것 같아요. 서로 다른 유치원에서 많은 아이들이 팽이놀이를 한다는 것은 그만큼 빠져들만한 어떤 이유가 있을 것 같아요.

이 교사 자유놀이 시간에 아이들이 팽이놀이를 하면 교사실까지 팽이가 튕겨오기도 해요. 그런데 가만히 보니 나날이 팽이를 돌리는 기술이 발전하더라고요. 그런 모습 보면서 팽이놀이도 어느 정도 인정은 해야겠다는 생각도 해요. 하지만 '저 블록으로 생활주제와 관련해서 놀이를 해봤으면 좋을 텐데….' 하는 마음이 늘 한구석에 있어요. 그런데도 아이들은 결국 팽이놀이를 또 하는 거예요.

김 교사 우리는 정말 너무 생활주제에 얽매여 있는 것 같아요. 일단 생활주제와 관련 없는 놀이를 하면 불편하잖아요. 저도 생활주제와 관련 없는 놀이에 빠지는 것을 볼 때면 '내가 생활주제와 관련된 활동을 매력적으로 제시하지 못했나?' 하는 생각부터 들거든요.

조 교사 주제와 관련해서 놀아야 한다는 것은 놀이를 학습의 도구로 바라보기 때문인 것 같아요. 거꾸로 우리는 아이들이 저렇게 좋아하는 팽이에 대해 생활주제로 전개해보는 시도는 잘 하지 않잖아요. 이제 우리는 과감히 상상력을 발휘해야 할 것 같아요. 아이들이 놀이 안에서 모험을 즐기고 도전하도록 교사들이 생각을 전환할 때라고 생각해요.

황 교사 팽이놀이를 가만히 살펴보면 그 안에 아이들이 좋아하는 움직임도 있고, 경쟁의 요소도 있잖아요. 또 어떤 물건이 잘 돌아가는지 무엇이든 돌려보는 실험도 하구요.

정 교사 우리 반 아이들도 날마다 팽이를 돌려대서, 결국은 인정을 해 줬어요. 오죽했으면 졸업식 때 '돌려 돌려 팽이상'을 주었다니까요.

아이들의 놀이를 주제로 이야기 나누는 동안 어느 유치원에서든 팽이놀이가 아이들에게 인기 있는 놀이라는 것에 놀랐다. 아이들이 빠져드는 데는 어떤 이유가 있을 듯하다. 팽이의 움직임, 서로 겨루

기, 무엇이든 돌려보는 재미, 상업적인 팽이 놀잇감과 광고의 영향도 클 것이라 짐작만 할 뿐이다. 전개하고 있는 생활주제와 관련된 놀이를 했으면 좋으련만, 늘상 돌려대는 팽이놀이에 교사들은 애가 탄다. 하지만 이렇게 많은 아이들이 팽이에 빠져든다면, 그저 못하게 할 일만은 아니라는 결론에 이르게 되면서 생활주제에 대한 생각도 다시 해 보게 되었다.

교사들이 생활주제에 묶여 놀이를 학습의 도구로 적용해왔던 행동양식의 뿌리는 국가수준 교육과정에 있었다. 2019년 7월 발표된 개정 누리과정은 현장에서 제대로 실천되지 못하고 왜곡된 놀이 모습을 반성하면서 교사들에게 놀이에 대한 폭넓은 스펙트럼을 제공하였다. 놀이에 관한 우리들의 생각과 깊이 닿아 있었기에 참으로 반가웠다. 아래는 놀이에 관해 기술하고 있는 교육과정 총론의 '교수 · 학습' 내용을 개정 전·후로 비교해 본 것이다.

개정 전 (교육부 고시 제2015-61호)	개정 후 (교육부 고시 제2019-189호)
교수 · 학습 방법	교수 · 학습
	교사는 다음 사항에 따라 유아를 지원한다.
가. 놀이를 중심으로 교수 · 학습활동이 이루어지도록 한다.	가. 유아가 흥미와 관심에 따라 놀이에 자유롭게 참여하고 즐기도록 한다.
나. 유아의 흥미를 중심으로 활동을 선택하고 지속할 수 있도록 한다.	나. 유아가 놀이를 통해 배우도록 한다.
다. 유아의 생활 속 경험을 소재로 하여 지식, 기능, 태도 및 가치를 습득하도록 한다.	다. 유아가 다양한 놀이와 활동을 경험할 수 있도록 실내외 환경을 구성한다.

개정 전 (교육부 고시 제2015-61호)	개정 후 (교육부 고시 제2019-189호)
교수 · 학습 방법	교수 · 학습
라. 유아와 교사, 유아와 유아, 유아와 환경 간에 능동적인 상호작용이 이루어지도록 한다.	라. 유아와 유아, 유아와 교사, 유아와 환경 간에 능동적인 상호작용이 이루어지도록 한다.
마. 주제를 중심으로 여러 활동이 통합적으로 이루어지도록 한다.	마. 5개 영역의 내용이 통합적으로 유아의 경험과 연계되도록 한다.
바. 실내·실외활동, 정적·동적활동, 대·소집단활동 및 개별 활동, 휴식 등이 균형 있게 이루어지도록 한다.	바. 개별 유아의 요구에 따라 휴식과 일상생활이 원활히 이루어지도록 한다.
사. 유아의 관심과 흥미, 발달이나 환경 특성 등을 고려하여 개별 유아에게 적합한 방식으로 학습하도록 한다.	사. 유아의 연령, 발달, 장애, 배경 등을 고려하여 개별 특성에 적합한 방식으로 배우도록 한다.

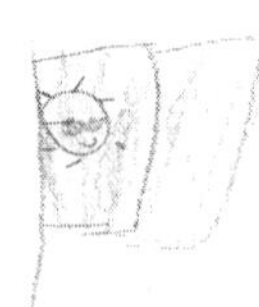

놀이의 걸림돌

연구회에서는 몇 년에 걸쳐서 유치원에서 일상적으로 일어나는 놀이를 바라보며 느끼는 감정이나 고민들을 수다로 풀거나, 아이들의 놀이 영상을 보며 놀이에 대한 이해를 높여왔다. 이번에는 한 걸음 더 나아가 놀이를 바라봄에 있어 걸림돌이 무엇일지 좀 더 구체화 해보기로 했다.

수다 속에서 어슴푸레했던 고민들을 구체적으로 드러냄으로써 놀이중심 교육과정으로 운영하기 위한 걸림돌을 선명하게 밝혀 보다 적극적으로 해결 방안을 찾아가 보자는 의도에서였다. 그래서 1박 2일의 워크숍을 가졌고, 그 자리에서 2가지 질문을 던져보았다.

〈워크숍에서 토론하는 모습〉

Q1. 아이들의 놀이를 지지하기 어려운 이유는 무엇인가?'(걸림돌)

Q2. 유아가 주인 되는 놀이는 어떤 모습일까?'

위 두 가지 질문에 대하여 교사들이 생각하는 바를 단어로 기록하고 공유해보니 몇 가지 공통점이 드러났다. 이를 범주화 해보았다.

과연 교사들이 생각하는 놀이의 걸림돌은 무엇일까?

1. 교사의 일은 가르치는 것!

위의 단어들이 암시하는 바는 무엇일까? 교사들의 이야기를 들어보자.

손 교사 우리에겐 가르쳐야 할 게 있잖아요. 누리과정의 수많은 내용들! 그래서 주간계획안을 짜게 되고, 그 주간계획안대로 실행하다 보면 엄청 바빠요.

박 교사 특히 단설에 있으면 해야 할 게 너무 많아요. 안전교육, 이야기 할머니, 1분 발표, 특히 건강한 체력을 기른다고 자유선택활동 하다가도 음악이 나오면 다 멈추고 체조하죠. 또 놀이터가 엄청 좁으니까 반별로 요일을 정해놓고 놀거든요. 거기에 현장체험학습까지 실시하다 보면 요일별로 그냥 넘어가는 날이 없어요. 이렇다 보니 연속성이 없고 시간들이 조각조각 나눠지는 거죠. 병설에 비해 학급당 원아 수가 많으니까, 자유선택활동 때도 제대로 못 놀았다는 아이들이 많거든요.

황 교사 정말 단설 유치원들 일회성 행사 많이 줄여야 해요.

오 교사 사실 우리가 주간교육계획을 세울 때 생각해봐요. 주간계획을 짜는 동안은 전개할 생활주제에 대한 활동들이 머릿속에서 논리적으로 쭉 전개되면서 계획대로라면 제대로 가르치고 있구나 싶은 착각을 하게 되잖아요. 그런데 실행해 보면 어떤가요? 그대로 되지 않지요. 월요일 눈이 오면 아이들은 종일 바깥에 나가 눈 놀이를 하고 싶어 하기도 하고, 자유선택활동에서 어떤 갈등이 생기면 계획을 내려놓고, 아이들과 함께 갈등을 해결해야 할 때도 있잖아요. 그럴 때마다 교사들은 갈등하게 되죠. 세워놓은 계획과 그 순간 일어나는 상황 사이에서요.

유 교사 누리과정에서 제시한 내용을 다뤄줘야 한다고 생각하니까, 지도서에서 제시한 활동을 채워 넣는 식으로 주간계획안을 그냥 짜게 돼요. 왠지 텅텅 비어있으면 안 될 것 같기도 하고, 늘 해 오던 것이니까 그냥 그 형식에 내용을 채워 넣으며 작성하고 있어요.

안 교사 저는 평가를 받을 때 오셨던 원감 선생님이 주간계획안에 대해 지적하셨어요. 목표 진술도 부적절하고 소주제는 왜 없느냐 하면서요. 저는 꼭 소주제가 있어야 하는지에 대해 의문을 가지고 있었는데, 그런 생각을 말하는 것조차 어려웠어요.

조 교사 교사의 계획으로 가득 채워진 주간교육계획안에 우리는 너무 얽매이고 있어요. 그래서 계획한 활동들을 다 실행했을 때 교사로서 책임을 다했다고 생각하게 되죠.

김 교사 몇 해 전 우리 연구회에서 생활주제와 주간교육계획안에 대해 이야기해 본 적이 있었잖아요. 당시 우리가 전개하고 있는 생활주제의 분량이 많기도 하고, 담고 있는 내용이 과다하다는 이야기를 많이 했었죠. 그래서 유아들에게 의미 있는 생활주제를 선별해 보

> 기도 했어요. 그리고 주간교육계획안에 제시된 자유선택활동도 요일별로 제공하는 형태보다 융통성 있게 칸을 열어두고, 제시하는 방법도 얘기했었지요. 그런데 그때 평가를 받았던 선생님이 한 원감 선생님으로부터 그렇게 칸을 열어놓는 것에 대해서도 지적받았다고 했어요. 우리는 정말이지 너무 틀에 얽매여 있어요. 그 틀은 교사의 계획이라고 할 수도 있고요. 누구를 위한 생활주제인지, 가르치기 위한 생활주제인지 아니면 유아들에게 의미 있는 생활주제인지부터 생각해 봐야 해요. 우리는 그만큼 교사의 일은 목표를 정하고 목표에 따라 활동을 선정해서 가르치는 일이라고 생각하는 것 같아요. 치밀하고 구조적인 계획 속에 아이들의 생각이나 의견이 끼어들 틈이 없었어요.

교사들은 가르쳐야 한다는 역할 인식을 놀이의 가장 큰 걸림돌로 꼽았다. 교사가 작성해놓은 주간교육계획에 의해 생활주제와 관련한 활동들을 전개하는 것이 가장 중요한 일이라는 생각이 견고하게 자리 잡고 있었다. 교사의 역할은 가르치는 일이며, 가르치는 것은 수업을 통해 이루어진다는 사고가 교사들에게 뿌리 깊게 박혀있는 것이다. 그렇다면 교사들은 왜 이러한 역할 인식을 하고 있을까? 이러한 교사들이 가진 가르치는 자로서의 역할 인식에 대한 뿌리를 이경화와 손유진의 연구에서 찾아볼 수 있었다.

가르침이란 무엇인가? 지금까지 유아교육에서 가르친다는 것은 교사가 정한 주제 혹은 교육과정에서 제시한 내용을 유아들의 발달과 흥미를 고려하여 사전에 잘 계획하여 실행하는 것으로 구체적으로는 활동으로 제시되어 왔다(Hyun, 2006). 가르침이 교육과정 개발의 일련의 과정 및 행위, 즉 교육목표를 정하고 목표달성에 필요한 교육내용을 선정·조직하며 목표 성취 여부를 평가하는 것으로 이해되고 있으며, 실제 대부분의 유아교사는 미리 교육목표를 정하고, 그 목표를 달성할 수 있다고 전제한 교육내용을 교수활동의 형태로 구성하고 있고, 생활주제 단위로 교수활동들을 묶어 예정한 순서에 따라 유아에게 기대하는 경험을 제시하는 형태로 학급의 교육과정을 실행하고 있다.

- 중략 -

이러한 교육과정의 접근은 교육과정을 기능적이고 처방적인 것으로 한정지음으로써 교육현장의 상황을 탈맥락화하고(손원영, 2001) 교사와 학습자 사이에 순간순간 발생하는 경험들의 중요성을 간과할 수 있으며(손유진, 이연선, 2006) 교사의 역할을 교육내용을 기술적으로 전달하는 교육과정의 운전자(Doll, 1993), 정보전달자(Kincheloe, Slattery, & Steinberg, 2000), 관리자(Pinar,2005)로 전락시킨다는 비판을 받고 있다. 이러한 일련의 과정을 거친 가르침이 유아들의 문화적 맥락을 고려하지 못한 채 교사의 시간표에 따라 일방적으로 제공된다는 한계들이 지적되면서 유아들의 문화를 잘 이해하고 발달적으로 의미로우면서 문화적으로 부합되는 실천이 되어야 한다는 주장들이 일고 있다.

- 유아교사들이 인식한 가르침의 순간의 의미 분석(이경화, 손유진) -

유아교육연구 2014. 제34권 3호 P175-196

우리는 교사의 '가르침'에 대한 스펙트럼을 넓힐 필요가 있음에 도달하였다. 그동안은 교사가 정보 전달자로서의 역할에 충실했다면, 이제는 어떤 가르침이 되어야 할 것인지 생각해 보아야하며 가르침에서 가장 중심에 두었어야 할 유아가 빠져 있었다는데 모두가 공감했다.

2. 교실에서의 소란스러움과 어질러짐

교실에서 이루어지는 놀이를 바라볼 때 교사들은 위의 단어들을 많이 떠올렸다. 소란스럽고 어질러져 지저분해지고, 정리정돈은 어려운 상황이 교사들에겐 부담스러운 것이다. 교사들은 교실에서 놀 때 차분하게 정해진 영역에서 정해진 놀잇감을 가지고, 놀았으면 하는 바람이 강했다.

보통의 유치원 교실은 쌓기, 역할, 수·조작, 미술, 과학, 언어, 음률 등으로 구획된 흥미영역이 구성되어 있다. 영역에 제공된 놀잇감 또는 생활주제별 활동자료를 이용해 아이들에게 놀이하라고 요구한다. 교사들은 놀이 후 질서정연하게 정리되기를 바라지만, 아이들은 '섞어놀이'와 같이 영역을 넘나들며 상상의 날개를 펼치고자 한다.

나무 블록 하나가 헬리콥터도 되고, 공룡도 되고, 아기도 되면서 어디로 뻗어나갈지 모르는 무한 상상의 놀이 세계에서 아이들에게 교실의 흥미영역은 교사가 꼭 지켜야 한다고 여기는 것만큼 의미가 있을까? 적어도 교사가 중요하다고 여기고 있다면 아이들도 흥미영역이 중요하다고 여길 수 있도록 대화하는 과정이 있었을까?

아이들의 놀이란 질서 정연하지 않으며, 현실을 초월하여 상상의 세계를 넘나드는 가운데 나타나는 소란스러움은 자연스러운 것이다. 소란스러움과 어질러짐이 놀이의 과정에서 나타나는 자연스러운 것이라면 교사는 그에 대해 좀 더 유연해질 필요가 있을 것이다. 많은 아이들이 모여 있는 교실을 떠올려보자. 소란스러움 속에서도 각자의 놀이에 몰입하고 있는 아이들을 쉽게 찾을 수 있을 것이다.

그런데 '아이들은 별로 불편함을 느끼지 못하는 소란스러움에 대해 유독 교사가 참기 힘든 것은 왜일까? 교실이라는 곳이 조용해야 하며, 뭔가 엄숙한 분위기 속에서 진지한 배움이 일어난다는 생각이 우리의 머릿속에 착 달라붙어 있는 것은 아닐까?'라는 질문을 던져볼 때 교실이라는 공간에 대해서도 생각해 볼 필요가 있다.

우리는 교실이 아닌 밖에서 아이들이 소리를 지르고, 뛰어다닐 때 시끄러움을 참을 수 없거나 이를 보고 무질서하다고 여기지는 않는다. 그렇다면 아이들이 충분히 뛰고 소리 지르며 경계를 넘나들어도 불편하지 않는 바깥놀이를 충분히 제공하는 것도 하나의 방법이 될 것이다.

하지만 요즘처럼 미세먼지 농도가 나쁜 날들이 많아지고 있는 상황에서 밖으로 나갈 수 있는 기회는 점점 더 줄어들고 있다. 공간이 우리의 의식과 삶을 규정짓는 측면에서 생각해 볼 때, 지금 유치원 교실의 공간은 교사와 아이들에게 어떻게 행동하도록 요구하고 있을까? 움직임의 욕구가 큰 아이들에게 교실은 어떤 공간이 되어야할까? 우리는 지금껏 교실이라는 공간을 아름답고 예쁜 환경으로 구성해 놓고, 아이들을 손님으로 초대했을 뿐이었다. 이제는 교실 또한 유아들과 교사가 함께 만들어가야 할 것이다. 우리 교실이 어떤 공간이 되었으면 좋겠는지, 놀이의 과정에서 더 필요한 것은 무엇인지, 놀이 과정에서 서로에게 불편했던 점은 어떻게 해결할 것인지 유아들과 함께 만들어가야 한다는 결론에 이르렀다.

3. 아이들의 그림자, 학부모

아이들의 놀이를 지지함에 있어 걸림돌 중 하나는 학부모였다. 특히 사고와 안전에 대한 경각심이 매우 높은 학부모들이 갈수록 많아지고 있고, 이는 곧 민원으로 이어진다. 특히 학기 초에 안전사고로 민원이 제기되면서 김 교사는 매우 두려워하고 있었다.

김 교사 (아이들을 자유롭게 놀도록 하고 싶지만) 우리에게는 제한점이 있어요. 학부모들이 민감하게 쳐다보고 있고, 다치는 것에 대한 민원을 굉장히 많이 제기하니까 너무나 부담스러워요. 최소한의 규칙만 주고 자유롭게 해주고 싶은데 학부모들의 민원과 예리한 눈으로 바라보고 있다는 생각에 나 스스로도 너무나 감당하기 어려워요. 그래서 3·4월에는 규칙을 강조하고, 어느 정도 안정되면 아이들의 의견을 반영하려고 생각하고 있어요.

손 교사 자유롭게 놀면 다칩니까?

김 교사 꼭 그런 것은 아니지만, 아이들은 칼싸움 같은 것을 곧잘 하잖아요. 그런 모습을 보면 나도 모르게 아이들에게 달려가고 있어요. 위험하니까

손 교사 3월 말쯤 되면 학부모와의 면담이 이루어지잖아요. 그때 학부모들에게 교사의 소신을 이해시키는 과정이 필요하지 않을까 싶어요.

한 교사 아이들이 다치는 상황이 발생하면, 다친 아이의 부모 얼굴이 먼저 떠올라요. 아!! 이제 큰일 났구나! 그 엄

마 난리 나겠구나.

김 교사 아이들만 유치원에 오는 것이 아니라, 아이들의 그림자로 부모도 같이 교실에 있는 것 같아요.

유아기는 특히 신체의 미성숙으로 안전에 대한 부모의 경각심이 높다. 따라서 교사들도 안전을 이유로 아이들의 행동을 제지할 때가 많다. 그러나 아이들은 놀이하며 몸도 마음도 성장해 가는데, 너무 안전만을 강조하다 보면 정작 배워야 할 것을 놓치게 된다. 뻔한 이야기이지만, 우리는 결국 부모들이 가지고 있는 위험에 대한 불안감을 낮추고, 아이들이 어떻게 성장하는지 부모들을 설득하는 일이 지속적으로 이루어져야 한다고 결론지었다.

4. 아이들과 어떻게 놀아야 하지?

교사들은 놀이의 걸림돌로 체력적인 피로와 귀찮음 그리고 교사가 잘 놀 줄 모르며, 아이들은 놀이하며 성장한다는 것에 대한 확신 없음을 꼽았다. 아이들과 놀이하는 것을 업으로 삼아야 할 유치원 교사들이 체력소모와 피로, 귀찮음을 말한다며 손가락질할지도 모르겠다. 요즘 부모들 사이에서 자주 사용되는 '독박육아'라는 신조어가 있다. 검색해 보니, '독박육아'란 배우자나 다른 사람의 도움 없이 혼자서 어린아이를 기르는 일을 비유적으로 이르는 말이다. 연관 검색어로 독박육아 스트레스, 맞벌이 독박육아 등이 뜬다. 유아 교사들이 대부분 여자임을 감안할 때 유치원에서 종일 8시간을 아이들과 지낸 교사들은 퇴근이 아니라 가정으로 또 출근한다고 말한다. 4시간 아이들을 돌보고, 4시간은 아이들이 있는 공간에서 업무를 처리하다가 다시 가정으로 출근하는 교사들을 향해 아이들과 노는 게 귀찮고 피로한 일이라고 토로한다고 손가락질만 할 수 있을까? 우리는 이런 대화를 통해 부끄럽지만 우리의 민낯을 인정하고, 서로를 위로하면서 앞으로 나아갈 방향을 찾아가야 한다고 다독였다.

5. 유아가 주인 되는 놀이 떠올려보기

대화를 통해 아이들이 교실에서 주인이 되어야 함에는 모두 공감하고 있었다. 아이들끼리 주고받는 사소한 일상의 수다도 놀이일 수 있으며, 아이의 의도를 존중해서, 그들이 원하는 방식으로 교사의 눈치 보지 않고 놀이가 이루어지는 것이 바람직하다고 생각했다. 아이들이 주인이 되는 놀이를 위해서 교사가 아이들의 놀이를 알아차리고, 최소한의 규칙을 통해 놀고 싶은 대로 놀 수 있도록 수업안과 같은 계획으로부터 유연해지기를 바라고 있었다.

또한 모든 것을 풍부하게 제공하는 것 보다 때로는 부족함을 느끼게 하여 유아들이 궁리하고, 스스로 놀잇감을 찾고 만들어가며 놀이가 이루어지기를 바랐다. 유아가 주인이 되는 놀이를 위해 교

사들이 구체적으로 할 수 있는 일들이 눈에 띈다. 충분한 놀이 시간을 주고, 일방적으로 놀이를 멈추지 않아야 하며, 놀이의 특성이라 할 수 있는 소란스러움과 어질러짐을 참고 기다려야 하며, 맘껏 뛰어놀 수 있는 바깥놀이 시간도 보장되어야 한다고 생각했다. 놀이의 걸림돌과 유아들이 주인 되는 놀이 모습을 구체화 시켜보니, 앞으로 우리가 나아가야 할 방향을 찾을 수 있었다. 교사가 노력해야 할 것도 보였고, 유아의 입장에서 생각해 봐야 할 것들도 참 많았다.

그동안은 지식의 전달자인 유능한 교사가 유치원에서 주도권을 가지고 미숙하고 부족한 유아들에게 시혜적으로 공간과 시간을 허락하는 모습이었다면 앞으로는 이 모든 것들을 유아들과 함께 찾아가는 것이 필요할 것이다. 이것이 바로 곧 놀이중심 교육과정이며 유아중심 교육과정이 아닐까?

교사도 아이도 행복한 놀이, 어떻게 찾아갈까?

3월부터 놀이에 대한 교사들의 고민을 나누고, 아이들의 놀이 동영상을 관찰하고 기록하며, 놀이의 걸림돌과 유아가 주인 되는 놀이의 모습에 대해 이야기를 나눴다.

우리들은 가르치는 일에서 힘을 빼고, 아이들이 주도하는 놀이를 지켜보며, 아이들이 놀이 안에서 배워가는 것들에 주목할 필요가 있음을 알았지만, 현실에서 실천이 쉬이 따라가지 못했다. 왜냐하면 늘 아이들을 가르치는 입장에 충실했기 때문에 배우는 자의 입장에서 바라보는 일은 몹시 서툴렀다.

교육내용을 선정하고 조직하여 효과적인 방법으로 가르치는 일에는 집중하였지만, 정작 이러한 과정에서 아이들이 무엇을 배우고 느끼는지, 교사가 가르친 것들이 아이에게도 의미 있었는지 제대로 들여다보지 못했다. 따라서 우리는 가르치는 일에서 힘을 조금 빼어내고 아이들로부터 배우고, 가르침의 중심에 유아를 둘 수 있도록 우리의 체질을 개선할 필요가 있었다. 이를 위하여 연구회 교사들 중 아이들과 함께 만들어가는 교육과정을 실천하고 있는 소박한 사례들을 나눠보면서 놀이와 유아가 중심이 되는 유치원의 모습을 그려보기로 했다.

1. 아이들과 놀이에 빠져볼까요?

교사의 역할이 가르침에 있다는 너무나도 강고한 인식은 아이들에게 놀이를 허락하지 않는 결과를 낳게 되었다. 놀이보다는 수업에 무게중심을 두게 되었기에 우리는 가르치는 일에서 힘을 빼는 노력이 필요함을 배웠다. 그럼 교사는 어떤 일을 해야 할까?

아래의 사례는 아이들과 함께 놀이에 흠뻑 빠지면서 김 교사가 아이들을 이해해가는 과정을 기록한 것이다.

김 교사의 이야기

12월의 쌀쌀한 날씨에도 변함없이 바깥 놀이를 즐기는 아이들은 야외용 분필로 놀이터 바닥에 여기저기 낙서를 시작했다. 낙서는 이내 그림 그리기로 연결되었다. 주홍이는 늘 관심 있어 하던 공룡을 거침없이 쭉 쭉 그렸다. 이를 지켜보던 아이들도 그림 그리기로 관심이 쏠린다. 구름도 그리고 공룡도 그리다가 서로의 그림이 닿는 부분이 생겨났다. 서로의 그림이 닿지 않게 비켜가며 그림을 그리던 아이들은 서로의 그림을 밟지 않고 뛰어넘는 놀이를 했다.

마침 킥보드를 타고 숨차게 달리던 주홍이가 바닥에 드러누웠고, 그 누운 모습을 따라 그리는 아이들~ 그렇게 서로가 서로의 모습을 그려주며 점차 재미있는 동작 만들기로 나아갔다.

그때 놀이 속으로 나를 초대하는 아이들. "선생님도 누워 봐요. 우리가 그려줄게요. 선생님은 어떤 모습 할 거예요? 공룡처럼 할 거예요? 발레 하는 모습 할 거예요?" 두 눈을 반짝이며 어서 바닥에 누우라고 끌어당긴다. "선생님은 키가 더 컸으면 좋겠으니까 숫자 1처럼 뾰족하게 만들어야겠다." 하며 눕는다.

아이들의 대화가 이어진다. "우리가 그릴 거니까 선생님은 눈 감고 있어요. 나는 여기 선생님 다리부터 그릴거야.", "그럼 나는 머리부터 그려야지." 이제 주도권은 아이들에게 완전히 넘어간다. 난 아이들이 하라는 대로 할 수밖에 없으니 말이다. 눈을 감고 있는 동안 분필로 내 몸을 따라 그려가는 아이들의 진지한 숨소리, 나의 모습이 우스꽝스러워 킥킥대는 웃음소리가 고스란히 내 몸으로 들어온다. 그 순간 느껴지는 아이들과의 일체감!!

바닥에 더 이상 그림을 그릴 수 없을 만큼 많은 그림을 그리고, 서로가 서로에게 자신이 그린 것들을 자랑한다. 민호의 공룡 그림이 놀랍다. 민호의 성향은 머리로 가만히 앞뒤 일을 생각해보고 행동하는 아이로 책을 좋아하고, 친구들과 의견을 주고받으며 많은 것을 배우는 아이였다. 반면 손의 힘이 약하고 글 이외의 방법(그림, 긁적거리기)으로 표현하는 것을 많이 주저하였다. 그림을 그릴 때면 늘 하는 말이 "어떻게 해요? 나는 못해요."였다. 반면 또래 주홍이는 행동파 아이였다. 글이나 책 보다는 영상, 그림 등에 집중하고 무엇이든 그림으로 척척 그리며 상상을 즐기는 아이였다.

이런 아이들의 특성을 알게 되면서 일상에서 두 아이의 강점을 연결하려는 시도를 했었다. 민호가 생각하는 것들을 주홍이에게 그림으로 그려달라고 요청하기도 하고, 주홍이가 좋아하는 공룡을 그림으로 그려내면 민호에게 이야기를 만들어달라고 요청하였다. 이렇게 두 아이가 서로에게 의지하고 때로는 경쟁하면서 단짝 친구가 되어갔고, 그렇게 1년을 보내고 나니 민호의 그림 실력이 몰라보게 성장해 있었다. 민호의 공룡 그림에서 힘과 즐거움이 느껴진다.

이처럼 아이들의 놀이 안으로 빠져들면 많은 것을 발견할 수 있다. 수업에서는 교사의 눈에 잘하는 아이와 못하는 아이가 생겨나지만, 놀이에서는 그렇지 않다. 모두 제각각 하고 싶은 것을 하며, 도전, 실수, 속상함, 기쁨, 행복, 억울함 등 많은 것을 배워간다.

또한 아이들의 놀이를 자세히 들여다보면 놀이 속 아이의 호흡, 목소리 속에 담겨진 다양한 감정들, 서로를 향한 마음, 아이의 관심사에서 드러나는 이전의 경험과 지식 등 많은 것을 알아차릴 수 있다. 아이들과의 놀이에 푹 빠져보는 것은 아이들을 제대로 만날 수 있는 첫걸음인 것 같다.

나는 놀이를 정의하길 싫어한다.

그 이유는 놀이의 미덕은 직접 경험할 때 가장 잘 이해할 수 있기 때문이다. 놀이를 정의한다는 것은 농담을 설명하는 일과 비슷하다. 농담이든 놀이든 분석하기 시작하면 그 특유의 쾌감이 사라진다. 놀이에 대한 수많은 정의와 통계분석 자료들이 있지만 노는 데 빠져 이리저리 뛰어다니는 아이들, 공을 갖고 노는 고양이, 놀이에 흠뻑 취해 이 세상에서 가장 환하게 웃고 있는 사람들의 얼굴을 보는 것이 때로는 놀이의 본질을 이해하는 데 더 큰 도움이 될 수 있다.

-Brown & Vaughan(2015)-

유아교육의 본질과 놀이에 대한 이해/ 오채선

(2018년도 제1차 유치원감 자격연수 자료 p145)

2. 교사의 계획 속에 아이들의 목소리를 담아요

빛깔 있는 유치원 교사 연구회 회원인 조 교사는 4년째 같은 유치원에 근무하면서 5명 내외의 아이들과 생활하고 있는 경력 18년 차의 교사로서 늘 고민이 많았다. 소인수 학급임에도 유아들이 일상에서 관심 있어 하는 경험을 인정하기보다 수업을 통해 가르치는 것에 익숙해진 자신의 모습에 고민이 깊었다.

특히 올해 놀이를 주제로 많은 이야기를 나누면서 치밀한 교사의 계획 속에는 아이들의 경험과 흥미는 끼어들 여지가 없음을 깨닫고 2016년부터 시작해 온 자신의 기록을 꺼내놓음으로써 교사들에게 많은 시사점을 던져주었다. 유아의 생활과 놀이를 관찰하여 주간교육계획에 기록하고, 이를 바탕으로 아이들과 생활하고 있는 조 교사의 이야기를 통해 교사와 유아가 만들어가는 교육과정의 모습을 찾아볼 수 있었다.

유아의 생활과 놀이를 관찰 기록 중 일부 (2016년)

지금 우리 유치원의 모습은 어떠한가?

많은 생각과 다른 의견들이 있겠지만 우선 나름대로 정리해 본 기록들이다.

교사가 하지 않아야 될 업무들을 너무 많이 하고 있어 아이들에게 집중하지 못한다. (수업 이후 시간의 대부분을 수업준비보다 행정업무 처리에 보낸다.)

1. 누리과정의 내용이 너무 많아서 가르치는 교사나 배우는 유아나 주제 안에서 놀기보다는 교육내용에 쫓겨 허덕인다.
2. 누리과정 이외에 안전교육, 인성교육, 기본생활습관지도, 독서교육 등 상시적으로 지도해야 할 교육내용들이 많다.
3. 유아는 교사가 제시하는 교육활동 밖에서 더 잘 노는 모습을 보이기도 한다.
4. 주제가 바뀔 때마다 자유선택활동자료와 교구를 교체하고 환경을 바꾸는 것이 매우 바쁘고 부담스러운 일이다. 어떤 것은 유아가 채 가지고 놀지도 않은 상태로 집어넣어야 한다.
5. 엄격하고 통제를 잘하는 교사가 능력 있는 교사상으로 만들어지고 있다.
6. 가정에 배부되는 주간교육계획안은 역으로 교사의 수업내용을 통제하게 되어 계획안에 교사가 갇힌다.
7. 공개수업은 세밀하게 계산되고 계획된 교사의 수업계획안 안에서 이루어져야 한다.

이 속에서 유아는 무엇을 배우고 있을까? 이 시간과 공간 안으로 들어올 때 유아는 어떤 느낌을 가질까?

우리는 유치원에서 유아에게 앞으로 살아나갈 생활에 필요한 지식과 기술을 가르치는가? 국가와 사회가 바라는 교육내용을 가르치는가? '누리과정'이라는 국가수준의 교육과정이 교육내용이라면 유치원에서는 '교과중심' 교육과정인가? 초등학교와 연계된 지식의 연속성에서 보면 '학문중심 교육과정'인건가? 요즘 트렌드는 '구성주의'라고 하는데 이것은 유아가 지식을 구성하는 것이 아니라 교사가 유아 머릿속에 지식을 구성시켜주기 위해 도와주는 것인가?

경력 16년 차인 나의 머리에는 경험이 승화되어 안정된 교육 노하우로 정리되기보다는 풀리지 않는 의문이 계속된다. 지금 내가 몸담고 있는 교육현장에서 이건 아니라는 생각이 자꾸 들었다.

유아와 내가 분리된 교육, 수업에서 잘 따라오지 못하는 아이에 대해서는 '집중력이 낮다'라는 이유를 들이대며 어떻게든 억지로 끌고 가기 위해 온갖 수단과 도구를 동원하며 진행하는 수업…. 이런 것 말고 뭔가 자연스러운 것. 유아도 교사도 행복한 시간이 되는 교실은 어떻게 만들 수 있을까?

월 안을 썼지만 왠지 불안한 마음에 주간 활동을 기존에 썼던 주간 교육계획안을 이용하여 역으로 기록해 보았다. 그리고 될수록 하루의 사건과 아이들의 관찰사항을 기록하고자 했다.

이전에는 주안에 무슨 활동을 채워서 계획할까 고민이었는데 가만히 유아들의 활동을 관찰하고 역으로 집어넣으려니 칸이 부족할 정도로 아이들은 다양한 활동을 하고 있었다. 물론 주제와 상관없는 활동도 많이 발생되었는데 사실 아이들이 스스로 즐기는 놀이는 짧으면 5분짜리 손치기 활동부터 잠깐의 사슴벌레 발견, 우유를 마시면서 '아는 글자 찾기 놀이' 등 길고 짧은 의미 있는 활동들을 많이 하고 있었다.

가르친다고 생각하기 전에 아이들의 놀이를 잘 관찰하는 것이 중요하다. 게다가 하루 일과 또는 한 주간 활동을 살펴보면 생활주제와 직접적인 활동들은 30~40% 정도가 되었다. 그런데 그것이 무슨 문제란 말인가? 다른 주제와 관련된 활동들이 계속 들고 나가고 있는데….

주간교육활동

2016년 9 월 2 주 ■ 초등학교병설유치원 ☎ 85■

		주제	
생활주제	우리나라	주제	추석.
기본생활습관지도	내 물건에 이름쓰기	안전교육	·버스에 갇혔을 때 (경적) ↳부산터널 유치원 bus 사고
목표	추석의 풍습에 대해 관심을 갖는다. 우리나라는 서로 나누고 살아가는 것을 안다.		

교육내용 \ 요일		5 (월)	6 (화)	7 (수)	8 (목)	9 (금)
소주제		추석이 궁금해요	달의 모양		서로 돕고 살아요.	
기본교육과정 / 자유선택활동	쌓기·역할	·엄마놀이. 레고 자동차. 집만들기.				운동산 산책
	언어	독서통장 기록 (빌린책반납). 잡지속 글자찾기. 우유곽 글자찾기, [illegible]				
	수조작	잡지오려붙이기. 바느질(♡). 자동차만들기(해●-정●). 세계국기카드				
	과학	식물 [illegible] 관찰. 자전거만들기.				
	미술	콘레이크 쿠키(송편) 만들기. 습식수채화.				
	이야기 나누기	추석이야기.	달맞이 유래(달의 변화)	추석의 의미.	나눔의 의미	
	대집단활동	강강술래 (달)(노래) 우리세계		강강고무신.	(세계 여러나라의) 인사와 몸으로 표현하기	
	소집단활동	딱딱우는말 - 재활용집 비추기. 세종한마당			딱딱우는말. [illegible]	
	창의적활동	점토(밀가루) 쿠키만들기.	이미지 요리찾기.	달모양 찾기.	칼림바연주	
	바깥놀이 활동	운동장 자바퀴. 축구. 자전거 타기.				
방과후과정	간식	식혜. 모시떡	포도. 우유.	약과. 우유	찐감자. 매실차.	
	심화 활동	우당탕게 줄게이	세계국기 (다문화)	전래과학.	영어(알리사)	
비고		초등체험 → 점심요리실습(스파게티).				

활동평가

♡ 추석 - 한복. 제사지내는것. 친척들만남(삼촌). 송편.

· 강강술래.

반성 → 한자공부(좋아하기) 한자로 p(를 오래 거중 미정도이. 정●이 하다 중단(거기까지 정●이는 만족).

♡ 교사: 습식수채화 집중(두 운색) → 해● 한● 즐겁게 사용사용.

→ 바느질(주머니인형 만들기 완성). → 아이들의 관심이 높다.

♡. 권● → 권● & 한● 까지 번짐. (

→ 자전거 수리.

아이들의 일상에 관심을 기울이고, 이를 기록하여 아이들의 흥미를 따라가며, 교사의 계획 속에 아이들의 목소리를 담는 노력을 해 본 조 교사는 다음과 같은 결론에 이르렀다.

9월의 경우 사실 우리나라 주제만으로 계획했으나 8월 말에 있었던 월드컵과 담임교사의 외국여행 경험 이야기로 아이들의 관심이 다른 나라로 확산되면서 우리나라에서 다른 나라의 주제를 같이 다루게 되었다. 아이들이 좋아하는 '5대양과 6대주'라는 노래를 즐겨 부르고 세계 지도에서 나라를 찾아보는 것이 놀이가 되었다.

또 방과후 과정 '○○과학'에서 자전거 만들기를 한 아이들은 자전거에 관심을 가져서 유치원 창고에 있는 자전거를 수리하여 내 주어서 바깥놀이에 단골로 자전거가 출동하게 되고 교통안전에 대한 이야기가 같이 나오게 되면서 교통기관에 대한 관심으로 확산되었다. '교통기관'을 연관 생활주제로 잡지는 않았지만 여러 가지 교통기관에 대한 책들을 제공하고 로켓, 지하철에도 관심을 가져갔다. 그리고 다음 달인 10월 10일은 광주교통기관으로 체험학습을 가면서 교통안전 교육 속에서 교통기관을 자주 언급하고 이야기하게 되었다.

이 외에도 유아의 활동을 통해서 다양한 생활주제가 통합되고 확산되는 상황을 여러 번 목격하였다.

주안을 쓰면서 매일 하루 일과에 있었던 일들을 구체적으로 업무일지에 기록하기 위해 노력하였다. 하지만 바쁜 업무에 치여 주간과 일일을 다 기록하는 것은 어려웠다. 그래서 부분적으로 기록했다. 부분적인 기록이지만 꽤 의미 있는 작업이라는 생각이 든다. 월 안을 쓰면서 주간활동내용은 기록하지 않더라도 하루 일지를 기록하면서 반성하고 다음날을 계획하는데 매우 의미 있고 중요한 일이 될 것이라 확신한다.

9 September

5 Monday
月曜日 (8. 6) 안전점검의 날

射石爲虎(사석위호) 온 힘을 다하여 일을 하면 어떤 일이라도 할 수 있다는 말

등원: 동화읽기. → 운동장 3바퀴. 그네타기. → 〈주말이야기.〉.
9:30~10:00 간식. 아침지어시기 모시떡. 포도 〈채생. 자하기. 과제〉.
10:00~ 자유선택활동 (점토. 밀가루로 쿠키만들기) 자 ●가는 불참.
11:10~ 신체활동. (달걀모순달. 강강술래. 남생아 놀자.).
12:00~ 바깥놀이. 놀이.
　잡아먹기 (제트기) pc놀이 → 자 ●이가 pc에서 떠나지 않음
　→ 공자 공부 했다면서. 안나온다만 다시 청.

6 Tuesday
火曜日 (8. 6)

四十初襪(사십초말) "갓 마흔에 첫 버선" 나이들어 처음 해본 일을 오랫동안 소원하던 일을 성취함

등원 ~ 9:00. 수첩스티커. 운동장놀이 (3바퀴. 그네) 어서돈배움
9:10 ~ 9:30. 간식 (포도. 우유). 하 ●이 우유2. 해 ●가 비니드치만 포도만
9:30 ~10:00 책보기 (독서통장). 세탁만다분리도하. →. 정 ● (레C) 중 ●.
10:00~11:30 자유선택활동. (주머니인형 만들기 & 해 ● 바느질). 효 ●
　잡지오려만들기. (잡지 그림 관찰). 하 ●
11:30~12:00. 달 관찰 (초승달 ~ 보름달). 강강술래 (우리체조)
　(나는새의 모으는~/. 세음. 팔세음. 다섯세음
　효 ● → 정 ●. 해 ●이에게 지고 울다 (참았다)
12:00 ~ 요리 (스파게티. 마카로니) 이탈리아음식. 〈바깥놀이: 축구〉.

7 Wednesday
水曜日 (8. 7) 백로

辭讓之心(사양지심) 겸손하여 받지 않거나 남에게 양보하는 마음

등원 ~ 9:00 운동장놀이.
9:00 ~ 9:30. 책보기. (경찰아저씨 드라이브. 똑딱)
9:30~10:00 간식 (우유+미숫가루)
10:00~10:30 숨바꼭질하. → 자유선택활동 (커튼놀이). 그림그리기. 세계여행게임. (효 ● 하 ●)
~ 11:30 자유선택활동 → 정리 (10분)
11:30~. 경지교우신 운동. 〈이야기나누기〉 추석의 의미 →
　→ 대추. 밤. 사과. 배.
　'나' 몸으로 표현하기 - 글자찾기. 〈휴식〉
〈운동장〉 → 놀이. (바깥. 〈하 ● 효 ●
　　　　　　　　　　　　　　　　　　　　권 ● 해 ●

※ 효 ● 해 ● 손잡고 가는모습 좋았음.

3. 아이들과 함께 만들어가는 공간으로서의 교실을 만들어요

교사들은 교실에서 이루어지는 놀이의 소란스러움과 어질러짐을 참아내기 어려워하는 걸림돌이 있었다. 이 어려움은 아이들의 놀이를 살펴봄으로써 아이들의 놀이란 소란스럽고 어질러지는 것이 자연스러운 것임을 알게 됨으로써, 그에 대해 교사들이 좀 더 유연함을 갖는 것이 필요함을 배웠다. 이와 함께 교실의 공간을 어떻게 구성하느냐에 따라 교실 속 소란스러움과 어질러짐에 대해 유연하게 대처할 수 있을 거라는 결론에 도달했다.

때마침 순천의 한 병설유치원에서 3년째 생활하면서, 아이들의 놀이 모습에서 불편한 점을 살피고 아이들과 함께 의견을 나누며 공간을 구성해 간 정 교사의 이야기는 우리에게 소중한 자료가 되었다.

정 교사의 이야기

대학에서 흥미영역을 구성하는 물리적 교실환경에 대해 물이 있는 곳, 물이 없는 곳, 조용한 영역, 소란한 영역 등으로 구성하고 각 영역은 교구장 등으로 경계를 지어 다른 친구들의 놀이를 방해하지 않도록 한다고 배웠다. 교육현장에서도 수년간 늘 그렇게 영역을 구성해 왔다.

또한 놀잇감 및 공간의 크기에 따라 영역별 인원수를 제한해야 아이들 간의 갈등도 줄어들고 안전하게 놀이할 수 있다고 생각했다. 그래서 놀이영역에 숫자 제한을 위해 이름표를 붙이고 들어가도록 하였다.

아이들과 자유놀이 약속을 정하고 1~2주일 정도는 안정적으로 놀이가 진행되는 듯하였다. 어느 날 우리 반 은호가 쌓기 영역 앞에 앉아 놀이영역에 들어가지 않고 앉아만 있었다.

- 정 교사: 은호야, 왜 여기에 앉아있어?
- 은호: 쌓기 영역에서 놀 거예요.
- 정교사: 그런데 왜 여기 앉아있는 거니?
- 은호: 이름표를 못 붙여요. 더 못 들어온대요. 다 들어왔다고.
- 정 교사: 그럼 다른 데서 놀이하는 건 어떠니?

영역을 선택할 때마다 동작이 느린 은호는 인기가 많은 영역에서 놀이하기가 어려웠던 것이다. 또 어느 날부터인가 아이들의 놀이 이름표가 사라지기 시작했다. 아이들과 이야기를 나눠보니 놀고 싶은 영역에 들어가고 싶은 욕심에 다른 아이들의 이름표를 떼어내 버리고 자기의 이름표를 붙이기 시작했던 것이다.

아이들 간의 갈등도 줄이고 안전하게 놀이하자고 계획했던 놀이 영역 구분과 숫자 제한이 오히려 아이들의 갈등과 다툼을 조장하고 있었다. 날마다 아침마다 아이들에게 "함께 놀이하고 서로 나눠주고 친구들과 재미있게 놀다가 집으로 돌아가자"라고 했던 말이 구호에 지나지 않았음을 알게 되었다.

- 정 교사: 애들아, 놀이할 때 혹시 불편하거나 힘든 것은 없었니?
- 수희: 나도 쌓기 영역 가고 싶은데 맨날 못가요.

- 지영: 나는 엄마, 아빠 놀이하고 싶은데 안 된데요.
- 정 교사: 왜 안 된다고 했을까?
- 은호: 이름표 못 붙이게 해요. 다 들어왔다고. 나도 놀고 싶은데.
- 정 교사: 그럼 어떻게 하면 좋을까?
- 도윤: 이름표를 안 붙여요. 놀고 싶은 데서 함께 놀아요.

학기 초 아이들과 놀이영역에 대해 이야기를 나누면서 함께 놀이 약속은 정했지만 아이들은 약속을 자율보다는 규제로 받아들였음을 알았다. 아이들과 이야기를 나누고 개선해 가면서 아이들의 요구에 대한 걱정과 허용 사이에서 고민이 많아졌다.

★ 아이들의 요구: 이름표 없애기, 놀고 싶은 곳에서 모두 같이 놀기, 놀잇감 아무 데나 가지고 가서 놀아도 되기
★ 정 교사의 걱정: 놀잇감의 수에 따른 다툼, 영역을 넓힐 때 다른 영역 공간의 문제, 교실을 뛰어다니며 안전사고 및 소란스러움, 정리 정돈의 어려움

아이들에게 나의 고민을 이야기한 후 원하는 대로 교실 영역을 바꿔보라고 하였더니 교구장을 이리저리 옮기기 시작하였다. 교실 영역 재배치는 며칠 동안 이루어졌다. 놀이해보고 다시 바꾸고 또 놀고 바꾸고를 여러 번 한 결과 교구장을 모두 벽면으로 밀어붙이고 가운데 공간을 통째로 비워두었다. 그런 채로 며칠을 놀고 나더니

- 바로: 선생님, 아무래도 책 보는 곳은 교구장으로 막아야겠어요.
- 정 교사: 왜 그런 생각을 했는데?
- 바로: 책을 읽는데 자꾸 아이들이 들어오니까 시끄럽고 방해돼요.

아이들과 이야기 나누기를 하고 결국 교실은 언어와 과학영역을 통합하여 한쪽으로 교구장으로 경계를 만들어 두고 다른 영역은 모두 통합하였고 놀잇감도 아이들이 재배치하였다.

교실 환경이 변화하니 놀이를 하지 못하고 배회하고 기다리기만 하던 아이들이 감소하였다. '저 많은 장난감을 섞어서 놀이를 하고 난 후 정리를 어떻게 하지?' 바라만 보아도 걱정스러웠으나 그건 그야말로 걱정일 뿐이었다. 아이들은 오히려 재미있게, 신나게 놀고 나니 정리도 함께 재미있게 하는 것 같았다.

그동안 놀이영역의 구분으로 인해 서로 단절되었던 놀이가 개방적인 공간에서 자신의 흥미, 요구에 따라 함께 놀이를 하다 보니 아이들의 놀이가 점점 확장되고 놀이에 몰입하는 것을 볼 수 있었다. 또한 놀이에 대한 자신의 생각도 활발하게 이야기하게 되고 다른 아이들의 의견도 점점 더 수용하게 되는 것을 발견하였다.

(아이들이 벽돌블록으로 만든 네모난 큰 틀을 '워터 파크'라고 부르며)
- 주민: 워터 파크에 미끄럼틀도 있다.
- 민수: 큰 통에서 물도 쏟아져.
- 서영: 우리 아빠가 돈가스 사줬어.

아이들이 워터 파크에 갔던 경험들을 이야기하고 블록으로 미끄럼틀을 만들고 물통이 필요하자 역할놀이를 하던 나영이가 설거지 통을 준다. 아이들은 그 통을 물통이라고 하고 블록들로 통을 놓을 받침대를 만들고 물통을 놓자 수·조작에서 사용하던 아트블록을 가져와 담는다. 물이 쏟아진다는 신호를 보내고 물통에서 아트블록을 쏟으며 환호성을 지른다. 그러더니 금방 너나 할 것 없이 모두 아트블록을 모아 다시 통에 담는다. 함께 놀이하고 역할놀이 하던 아이들이 가게를 만들어 주스도 팔고 음식도 판다. 안전요원도 생기고 입장료 파는 사람도 생겼다.

아이들이 놀이시간 내내 워터 파크 놀이를 즐기면서 행복해하는 모습을 보니 아이들은 믿어주는 만큼 자라는 것을 실감할 수 있었다.

4. 아이들의 모습을 기록하고 부모와 공유해요

교사가 놀이를 지지하는 어려운 큰 걸림돌 중의 하나는 교사는 가르치는 자이며, 아이들은 교사로부터 배우는 대상이라는 교사 중심의 교육관이었다. 또한 자녀의 안전과 사고 위험 및 가시적인 학습의 결과를 중요시하는 학부모도 교사들이 아이들의 놀이를 지지하기 어려운 이유 중 하나였다.

아이들의 일상과 놀이를 기록함으로써 교사 중심의 교육관에서 벗어나기를 시도하고 있는 김 교사의 이야기를 소개하고자 한다. 아이들의 활동 모습을 기록하고 이를 정리함으로써 아이들의 흥미와 호기심에 기반을 두어 다음 달의 활동을 계획할 수 있었고, 김 교사는 이 기록을 가정으로 안내하고 공유함으로써 놀이와 일상이 중심이 되는 유치원 교육을 신뢰하는 분위기를 만들 수 있었다고 한다.

5월에 이렇게 놀았어요.

**초등학교병설유치원
☎ 3**-****

5월에는 우리가족과 동물을 주제로 놀이하였습니다. 돌잔치부터 결혼식, 졸업식 등 가족의 소중한 시간이 담긴 사진을 통해 궁금한 것을 서로 묻고 답하는 시간을 가졌어요.
아이들이 가져 온 사진은 비록 사진 1장이었지만, 사진 속의 사람들, 배경으로 있는 집, 건물, 물건들을 단서로 다양한 이야기를 추측해보며 관찰력과 호기심을 키우는 시간을 가졌습니다. 사진 몇 장으로 이렇게 아이들과 많은 이야기를 나눌 수 있음을 배우는 시간이었습니다. 화려한 수업도구 보다는 아이들이 접하는 다양한 사물에 대해 교사가 어떻게 해석하고 접근할 것인지가 매우 중요함을 배울 수 있었습니다.

그 과정에서 가족 안에서 할머니라는 존재에 대한 관심이 커졌고, 아이들은 가*할머니를 기쁘게 해드리고 싶어 하더군요. 아이들과 함께 할머니 초대의 날을 비밀리에 준비하는 과정에서 아이들이 누군가를 기쁘게 하겠다는 마음과 의지를 읽을 수 있었습니다. 다섯 살 완*는 지금도 놀이시간에 '내 나이가 어때서'를 흥얼거리며 놉니다. 트롯 노래면 어떻습니까? 그 노래 속에는 할머니를 향한 아이들의 따스한 마음이 가득 들어있는 것만으로도 충분하지요.

2018. 5. 9
우리 가족사진 소개하기
가족의 소중했던 추억 사진을 보며 탐정놀이를 했어요. 사진 속 아기가 누구일지, 몇 살인지, 어디서 찍은 사진인지 사진속의 여러가지 이야기를 추적하다 보니 궁금증이 생겨났지요. 그러다가 가* 할머니의 76세 나이가 얼마만큼 많은지 서* 동생 서*이 나이와 비교해 보기로 했어요. 블록을 늘어놓았더니 무지 길었지요.

2018. 5.14
강숙자 할머니 초대준비
가족 소개하기에서 관심이 많았던 가* 할머니를 초대하기로 했어요. 할머니의 이름은 무엇인지, 이름을 누가 지어주었는지 등 궁금한게 많았지요? 할머니를 위해 초대장도 만들고, 케익도 사고, 좋아하는 노래도 부르기로 계획을 세웠어요. 물론 초대하는 날까지 비밀이었지요~~

2018. 5.15
할머니를 위한 케이크 사러가는 길
할머니를 위해 **면 빵집으로 케이크 사러가는 길. 이런 날 만큼은 즐거우니까 짝꿍 손도 잘 잡고 서로를 잘 챙깁니다.
가는 길에 철물점에서 모종삽 가격도 물어보고, 서*가 머리카락 잘랐던 미용실도 보고, 특히 경찰서를 가보고 싶어 했지요.

2018. 5.16
강숙자 할머니 초대의 날
할머니가 좋아하는 노래였던 '내 나이가 어때서'에 맞춰 춤도 추고 악기 연주도 하고, 우리 반 아이들의 특징을 나타낸 노래도 불러드리고 감사의 절도 드렸답니다.
그리고 이어진 질문 시간들~ 할머니 왜 학교 안 다녔어요? /할머니도 어렸을 때 달리다가 다치기도 했어요?/ 병원은 있었어요?/ 할머니 이름은 누가 지어 주셨어요?....
할머니께 드린다고 사왔지만, 실은 아이들이 더 먹고 싶어 했던 케이크도 함께 먹고, 예쁜 꽃도 선물로 드렸답니다.

 # 5월 인기 많았던 그림책

부모님과 함께 도서관 나들이하며 대출해서 보았으면 좋겠어요.

동생을 갖고 싶어하는 천달록은 아이들이 무척 좋아하는 캐릭터입니다. 길을 잃은 아이를 돕기 위해 고군분투하는 남매의 그 착한 마음이 평생을 가져갈 소중한 기억으로, 서로에 대한 믿음으로, 어떤 어려움도 이겨낼 수 있는 자신감으로 되돌아온다는 것을 흥미진진한 이야기를 통해 일깨워줍니다. 도서관 나들이를 갔는데 마침 나주공공도서관에서 선정한 좋은 책으로 포스터가 붙어 있더군요.나주공공도서관 글자나 층별 안내도, 길거리의 화살표 등 다양한 기호들을 해석하는 아이들~ 일상에서의 이런 과정들이 문해력과 독해력을 길러주는 좋은 경험을 하고 있답니다.

두더지 버스-우치노 마스미
두더지 버스를 읽은 후 놀이터에 쭉쭉 솟아올라오는 죽순을 뽑기도 하고, 교실에서 두더지 길을 만들어 신나게 게임도 했어요. 그 이후 아이들의 손에 많이 잡히는 책이 되었답니다.

2018. 5. 18

두더지 버스놀이판 만들기

4월 도서관에 가서 재미나게 읽었던 '두더지 버스' 그림책을 시*이가 도서관에 가서 빌려와 유치원에 가져왔어요. 다시 읽어도 또 재미있는 '두더지 버스'를 읽고 놀이판을 만들어보면 어떻겠냐고 제안해서 가*와 시작했던 놀이판을 다 같이 만들게 되었어요.
출발은 어디서 할지, 죽순은 어느 칸에서 솟아 나오게 할 것인지, 다양한 의견을 꺼내놓습니다. 숲 가는 길, 저수지 찾아가는 길 등 그동안 거리와 공간에 관한 경험들을 지도로 표현했던 것들이 쌓여 이젠 놀이판도 스스로 만들어 갑니다.

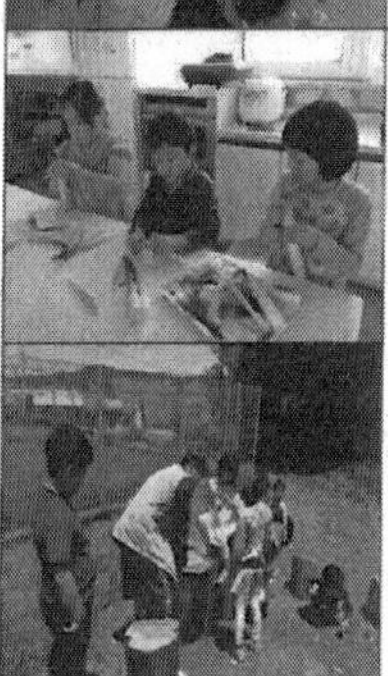

2018. 5. 23

'우후죽순'따서 놀기

그림책 두더지 버스의 영향으로 놀이터 한쪽에서 솟아나온 죽순들을 뽑아댑니다. 비온 다음 날 무지막지 솟아나온 죽순들~~두더지 버스가 깜짝 놀라겠다며, 호미로 캐고 삽으로 찍어내며 힘을 쏟아봅니다.
서* 아빠가 보내주신 통나무들은 의자가 되기도 하고, 징검다리, 흔들다리, 굴리기용 통나무 등으로 다양하게 변신하고 있습니다.
민*이의 모습 보이나요?
저 통나무를 옮겨보려고 끙끙대고 있고, 몸이 가벼운 서*는 여유롭게 앉아있네요.
다양하게 변할 수 있는 통나무~ 참 좋은 놀잇감입니다.

6월에는 이렇게 놀고 싶어요.

5월 할머니를 위한 케이크를 사러 가는 길에 철물점, 미용실, 경찰서 등에 자연스럽게 관심을 갖게 되었습니다. 아이들의 궁금증 또한 더욱 많아졌지요. 그래서 6월에는 아이들이 궁금한 것과 관심 있는 곳을 중심으로 마을을 돌아보면서 경험을 확장해 보고자 합니다. 이에 앞서 아이들의 동물에 대한 관심과 호기심은 지속적으로 높아져 가고 있어 아이들과 함께 동물놀이를 해 보기로 하였습니다.

목표: 관심 있는 동물에 관한 놀이를 만들어 해보는 경험을 한다.
나와 친구들이 살고 있는 마을에 관심을 갖는다.
공공기관의 역할과 일하시는 분들에게 관심을 갖는다.

동물
우리마을

1주 동물놀이
- 6월의 짝궁 정하기
- 해보고싶은 동물놀이

2주 우리마을 둘러보기
- 친구네 집은 어디에 있을까?
- 우리마을 지도놀이
- 필리핀 마트와 도서관에 다녀와요

3주 우리마을 공공기관 찾아보기
- 경찰관을 만나고 싶어요
- 제빵사를 초대해요
- 공산놀이 한마당

4수 해보고 싶은 놀이하기
- 숲 체험
- 또 하고 싶은 6월의 재미난 놀이
- 강진안전체험

위와 같이 김 교사는 기록을 통해 아이들이 무엇에 흥미를 가지고 있는지, 흥미 있는 대상을 탐색하는 과정에서 아이들마다 특성은 어떻게 드러나는지 살필 수 있었다고 한다. 또 아이들의 흥미와 성향을 파악하게 되면서 교사가 주고 싶은 교육적 경험을 어떻게 녹여낼지 실마리를 잡을 수도 있었다고 말했다. 이렇게 아이들과의 생활을 기록하여 아이들이 어떻게 성장하는지 가정으로 안내하니 부모들도 아이들이 집으로 돌아와 쏟아놓는 이야기들을 이해하기 쉬웠다고 한다.

당시 여섯 살이었던 세영이는 '할머니 초대의 날'을 준비하는 과정에서 유치원이 끝나고 집에 오면 무척이나 많은 이야기를 쏟아놓았다고 한다. 그 말을 다 이해하기 어려웠던 엄마는 안내장을 받아본 후 '할머니 초대의 날'이 어떻게 진행되었는지 알게 되었고 비로소 딸이 했던 수많은 이야기들을 공감하게 되었다고 한다. 세영이가 엄마에게 들려주었던 이야기들을 적어 보내준 엄마의 편지글을 소개한다.

아이들 질문 :
할머니 학교는 왜 안 다니셨어요?
돈이 없어서. 밥도 못 먹고
먹을 것도 조금 밖에 없었고.
질문
가방은 왜 없었어요?
돈이 없어서 주머니에 넣어 다녔어.
할머니께서 하신 말씀.
- 할머니는 하늘 나라에 빨리 가게 될꺼야.

할머니께 옛날 이야기 해 달라고 해야 하는데
모두 까 먹었다며 아쉬워 했어요
(할머님이 하신 말씀이 옛날 이야기 였데, 옛날 동화 말하는거냐고 물었더니 음.. "몰라요")

할머니 초대했다며 초대장도 쓰고 받아가게도 다녀오고 드레스 입어야 한다며 원피스 입고 가고.
할머니 아파서 병원 가셨다며 아쉬워도 하고
가.. 아버님이 알려 주셨다며 "내 나이가 [illegible]여서"
계속 계속 부르고 있어요.
이를 전부터선가. 엄마, 아빠 나이도 물었답니다.

5. 움직임의 욕구를 충족하는 충분한 바깥놀이는 어떨까요?

유치원 하루 일과 중 아이들에게 가장 많은 자유와 주도권이 주어지는 시간은 바깥놀이 시간이다. 교실처럼 영역이 있는 것도 아니고, 모래놀이, 잡기놀이, 줄 놀이, 그네, 시소타기 등 하고 싶은 놀이를 마음껏 하는 시간이다. 그래서 아이들도 바깥놀이를 가장 좋아한다.

굳이 유아교육의 발달 이론을 가져오지 않더라도 아이들이 크는 모습을 지켜보는 사람이라면 아이들이 몸으로 세상을 배워가는 것을 보았을 것이다. 잠시도 가만히 있지 못하고 쉴 새 없이 움직이며 세상을 탐색한다. 또 바깥세상은 철 따라 만나게 되는 벌레, 풀꽃과 열매, 심지어 돌멩이까지도 아이들의 마음을 사로잡는 매력적인 놀잇감으로 가득하다.

그러니 아이들은 햇살이 따스한 날은 따스해서 밖으로 나가고, 비 오는 날은 비를 맞으러 밖으로 나가자고 재촉한다. '위대한 유산이며 지혜의 보고'라고 말하는 자연과 교감하며 감수성을 키우고 유아기에 중요한 움직임의 욕구를 충족할 수 있는 바깥놀이를 유아중심으로 운영해 보려고 노력하고 있는 김 교사의 사례를 소개한다.

김 교사의 이야기

우리 반 아이들이 제일 좋아하는 시간은 바깥놀이 시간이다. 각자가 하고 싶은 놀이를 마음껏 할 수 있으니, 날마다 갖가지 이유로 바깥놀이를 요청한다.

"선생님~ 비 오니까 밖에 나가요! 장화신고 비옷 입고 나가요!"

"선생님~ 오늘 아침에 안개 엄청 많았어요. 밖에 나가봐요!"

어질러졌던 교실을 정리할 수 있는 유일한 특효약은 "얘들아~ 바깥놀이 나가자!"이다. 나 또한 교실에서는 소란스러움, 어질러짐, 영역을 넘나드는 놀이를 보며 곱지 않은 눈빛을 발사하곤 하는데 바깥에 나가면 마음이 말랑말랑 해진다. 바깥에 나가면 아이들은 각자가 관심 있어 하는 대상들을 만나며 분주해졌고, 느긋해진 나 역시 아이들이 발견하는 것에 귀 기울이게 되고 즐거움을 함께 느낄 수 있었다.

그런데 바깥놀이 시간이 40분을 넘어가면 조바심이 나고 불안감이 스멀스멀 올라왔다. '이렇게 놀기만 해도 괜찮은 걸까? 준비한 종이접기, 동시 수업은 언제 하지?' 일부러 손목시계를 차고 나가지 않는 날에도 자동적으로 내 몸은 40분이 넘어가면 신호를 보내왔다.

"이제 10분 후에는 교실로 갈 거예요."

"에이~~ 더 놀고 싶어요."

"어서 정리하세요! 이제 미술도 하고 점심도 먹어야지요."

'왜 그랬을까?'

20년 동안 실행했던 일과 시간표를 적어본다.

• -9:00 등원	• -12:00 바깥놀이
• -9:20 일과계획	• -12:30 미술활동(대·소집단활동)
• -10:20 자유선택활동	• -13:30 점심 및 이 닦기
• -10:50 정리정돈 및 간식	• -14:00 자유선택활동
• -11:10 이야기 나누기	• -17:00 방과후 과정

어떻게 시계가 없는데도 내 몸은 40분이 지나가는 것을 알아차릴까? 유치원에서 꽤 긴 시간 동안 위 시간표대로 지켜왔으니, 절로 내 몸이 기억하고 있는 게 틀림없었다.

충분한 바깥놀이 시간을 주는 것이 의미 있다고 생각하면서도, 수시로 올라오는 불안감 때문에 정리하기를 재촉하는 날들이 많았다. 하지만 나의 불안감을 알아차리니 좀 더 아이들의 놀이를 지켜볼 수 있었다. '아~ 불안하구나! 지금 내 마음에는 저렇게 놀기만 하면 언제 배우는 거지? 라는 생각이 또 올라오고 있구나! 하지만 괜찮아. 아이들은 저렇게 궁금해하는 것들에 대해 몰입하고 즐거워하며 어느 때보다 잘 놀고 있잖아.' 하며 다독거릴 수 있었다.

바깥놀이 속에서 아이들이 어떻게 성장하는지 수많은 증거를 발견하면서부터는 바깥에서 많은 시간을 보내도 불안하지 않았다. 바깥놀이를 하며 자연스럽게 노래도 부르고, 몸도 움직이고 아름다움도 느끼고, 호기심을 키웠고, 친구를 돕기도 하면서 아이들은 잘 성장하고 있었으니까. 또 바깥에서 궁금한 것들은 교실 안으로 가져와 탐구하고 재미난 놀이로 이어지는 것을 수없이 볼 수 있었으니까. 충분한 바깥놀이가 아이들의 배움에 얼마나 큰 의미가 있는지 알게 되었던 기록을 가져와본다.

작년에는 유치원 주변을 산책하다가 이제 제법 용기가 생겨 마을로 나가기 시작했다. 서윤이 집 가는 길에 있는 마을 저수지까지 산책을 나갔다. 가는 길에 염소도 보고, 민들레도 보고, 태권도 차를 보고 반가워 손도 흔든다. 아이들이 가장 즐거워한 놀이는 저수지에 돌 던져 넣기였다. 돌을 던져 넣다 보니 독특한 색깔의 돌을 찾아내기 시작했다.

2018. 3. 16

저수지로 산책을 가면 꼭 하는 것이 돌멩이 던지기였다. 아마 하루 종일 거기에서 논다면 저수지도 메우지 않을까 싶을 정도였다. 오늘도 아이들은 신기하게 생긴 돌들을 모았다. 반짝이는 돌, 보라색 돌, 칼처럼 날카로운 돌 등을 보물로 여겼고, 교실로 가져온 돌멩이로 보물찾기 놀이가 시작되었다. 돌아가며 몰래 숨기고, 찾는 것이다. 교사가 술래가 되어 돌멩이를 숨기는 동안 저렇게 재미있는 포즈를 취하며 10까지 세고 있다.

2018. 3. 20

아이들의 바깥놀이 모습을 보면 금방 놀이로 빠져들지는 못한다. 우선 옷을 입고 신발을 신고 나서기까지도 한참! 문 열고 나가며 만나게 되는 벌레 한 마리에 정신을 빼앗기다가 친구들처럼 모래놀이를 할까 그네를 탈까 기웃거리며 조금씩 맛보다가 몰입하기까지 시간이 필요함을 발견하게 되었다. 놀이에 재미가 붙고 땀이 나도록 뛰어놀 만할 무렵 정리하자고 외치는 교사를 향해 아이들은 늘 툭툭거린다.

"에이~ 조금만 더 놀면 안돼요! 쪼금 밖에 못 놀았단 말이에요!"

내 어린 시절을 생각해봐도 어둑해 질 무렵이 되어서야 엄마가 부르거나 함께 놀던 아이들이 집으로 돌아가고, 더 이상 놀 친구가 없어졌을 때 집으로 향하던 기억이 떠오른다. 감질나게 노는 것보다 아이들이 충분히 놀도록 해봐야겠다는 생각이 들었다. 교실의 수업에서는 몸을 비틀며 억지로 견뎌내고, 마지못해 해 내는 모습이라면 적어도 바깥놀이에서는 그런 모습을 보지 못했다. 그렇다면 바깥에서 흠뻑 빠져 노는 시간을 60분 이상 보장해야겠다는 마음으로 오전 시간표를 단순하고 느슨하게 만들었다. 아이들이 주도하면서 몰입하고 통합적 경험을 할 수 있는 바깥놀이를 충분히 하지 못할 이유가 없었다.

- -9:00 등원
- -10:30 자유선택활동
- -11:00 정리정돈 및 간식 (필요에 따른 이야기 나누기)
- -12:30 바깥놀이
- -13:30 점심 및 이 닦기
- -14:00 수다 떨기와 낮잠

우리, 이렇게 놀고 있어요

1. 상자놀이 속 교사의 변신

11월 수업시간에 도착한 택배상자 1개. 기다리고 기다리던 그림책이라서 바로 친구들과 개봉하여 읽었다. 강은이가 이 상자로 뭘 만들어도 되냐고 물어보았다. 무엇이든 괜찮으니 사용하라고 했더니 주변에 있던 여러 친구들도 택배상자를 달라고 했다. 학교(유치원)에 있는 택배상자를 모두 모아서 놀이가 시작되었다.

자동차를 좋아하는 강은이는 택배상자를 이용해서 캠핑카를 만들었다. 신우는 택배상자에 그려진 모양대로 파내고 창문처럼 만들었다. 신우가 하는 것을 보고 다시 강은이가 자기의 작품에 네모 모양을 오려내고 커튼으로 장식하였다. 원래 캠핑카에는 커튼이 있다고 하면서…. 우리 반 모두는 각자의 방식으로 택배 상자를 변신시켰다. 가위질이 힘든 상자의 특성으로 교사인 나는 친구들이 원하는 모양으로 가위질을 하거나 칼질을 하는 조력자의 위치로 자리매김하였다.

평소에 늘 놀이하는 유아를 바라보면서 감시자 같은 느낌을 지울 수 없었는데…. 택배상자 놀이를 허용하며 아이들의 놀이를 따라가게 되니 조력자로 변신해 가고 있음을 실감하였다.

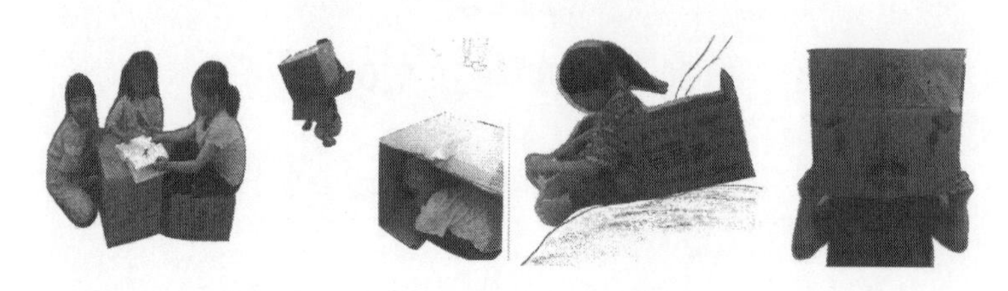

2. 상품화된 카드로도 의미 있는 놀이를 할 수 있어요

요즘 우리 반 아이들은 아침에 오자마자 삼삼오오 모여서 포켓몬 카드를 꺼낸다.

- 지형: (포켓몬 카드를 가지고 오며) 야! 우리 카드놀이 하자~ 빨리 하자~
- 아이들: 나도 할래. 나도 할래. 포켓몬 카드를 펼쳐놓고 가위 바위 보를 한다.
- 시영: (손가락으로 아이들의 순서를 가리키며) 너 1, 너 2, 너 3, 너 4, 너 5…. 너 빨리 뽑아 너 차례잖아 (첫 번째 순서인 아이가 널려있는 카드 중 한 장을 뽑는다.)
- 지형: 10곱하기 10곱하기 10이다. 선생님~ 계산기 좀 줘 보세요. 교사가 계산기를 아이들에게 건네준다.
- 승조: (포켓몬 카드 한 장을 가리키며) 얘 별명이 뭔지 알아?

(다른 친구들은 널려있는 포켓몬 카드에 시선이 가 있고 승조의 물

음에는 답이 없다.)

- 시영: (옆 친구에게) 야! 뽑아. 뭔지 보여줘 봐!

(세결이가 시영에게 뽑은 카드를 보여준다.)

- 지형: 딱따구리! 딱따구리! 딱따구리다. 야! 50곱하기 50이다. 야! 이게 말이 되냐? 이게 말이 돼? 선생님 이게 뭐에요?
- 곽 교사: (계산기에 나타난 숫자를 보여주며) 이천 오백!
- 지형: (친구들에게 계산기에 나타난 숫자를 보여주며) 골덕이가 이게 됐어. 골덕이랑 총 공격 할 사람? 선 공격 쓸 사람?

(골덕이는 포켓몬 카드에 있는 포켓몬 중 하나이다. 포켓몬 카드 '골덕'에는 '더블제트 60×'가 쓰여 있고, 계산기를 누르면 3,600이 나온다.)

- 세결: (카드를 뽑아서 친구들에게 보인다) 이거야.
- 친구들: 들어가라. 그건 공격력이 약해.

(옆 친구가 또 포켓몬 카드를 한 장 뽑아서 보여준다)

- 시영: 무한 아니냐?
- 도연: 무한 아니야, 무한은 8이 옆으로 있는 거야 .
- 지형: 너 뽑을 차례야 너 뽑아, 20공격. 너 다른 거 갖고 있어? 공격력이 약해. 저건 120공격이야.
- 교사: 숫자에 120. 이게 공격이야?
- 세결: 아니요 이건 체력이고요. (포켓몬 카드 레트라에 씌어 있는 숫자와 기호 '60+' 를 가리키며) 60더하기가 있죠? 이게 공격이에요.
- 교사: 카드에 체력이라고 쓰여 있니?
- 세결: 체력이라고 안 쓰여 있지만 이게 체력이고 이게 공격이에요.
- 교사: 왜 그런 거지?
- 세결: 원래 그렇게 하기로 한 거예요. (카드를 교사에게 보이며) 여기 60더하기가 있으니까 (계산기로 직접 60+60= 누른다) 그러니까 120이죠.

- 교사: 왜 120이 된 거지?
- 세결: 선생님은 그것도 몰라요. 이게 더하기라서 그런 거예요. 60이 있죠? 그리고 더하기니까 또 60이 있죠? 그래서 120이에요.

아이들이 옆에서 물어보면 교사는 묻는 말에만 대답을 하고 자기들끼리 이렇게 놀이가 이어진다. 등원하자마자 가방을 던져두고 아이들이 모여들어서 하는 놀이이다. 이 놀이는 요즘 거의 매일 같은 시간에 이어지지만 놀이방법은 조금씩 변한다.

카드에 있는 숫자가 큰 것으로 공격하는 공격놀이, 포켓몬 카드에 쓰여 있는 글자 수가 많은 카드를 많이 뽑는 아이가 이기는 놀이, 포켓몬 카드에 쓰여 있는 숫자를 계산기로 눌러서 어떤 숫자가 나오는지 알아보는 계산기 놀이 등이 매우 진지하게 이루어진다. 카드에 쓰여 있는 십 단위, 백 단위 숫자도 어려워하지 않고 읽고 말하며, 더하기의 개념을 익히고 계산기에 나타난 큰 단위의 숫자를 보며 감탄하며 놀란다. 의미 있는 놀이상황 속에서 자연스럽게 이루어지는 학습은 즐겁고 어렵지 않게 진행되는 것 같다.

놀이 참여자들이 순서대로 포켓몬 카드를 선택하고 있는 모습

포켓몬 카드 속에 쓰여 있는 숫자를 계산기로 계산하여 친구에게 보여주는 모습

3. 놀이 속에서 생각이 유연해져요

블록을 이용하여 썰매를 만들고 있는 준원이 옆에 형빈이가 다가왔다.

- 형빈: 선생님, 나는 사슴 할래요. (손으로 배를 가리키며) 앞으로 이렇게 묶는 게 필요해요.
- 교사: 그래? 무엇으로 묶을까?
  (교실 여기저기를 두리번거리던 형빈이가 역할영역에서 아기 띠를 가지고 와서 썰매와 연결을 시킨다.)
- 민규: 나도 루돌프하고 싶어.
  (형빈이가 아기 띠를 더 넓게 썰매와 연결시키고 들어오라고 한다.)
- 준원 : 아이들에게 나눠줄 선물이 필요해.
  (이 말을 들은 소은이와 윤지가 미술영역에서 선물상자를 만들고 해윤이와 민규가 끼우기 블록을 이용하여 로봇장난감을 만들어 상자 안에 넣어주었다.)
- 교사: 선물이 많이 모였구나. 선물을 어디에 싣고 가지?
- 준원: 썰매에 실어요. 선물이 너무 많아 다 못 실어요.
- 교사: 썰매에 싣기에는 선물이 많구나. 어떻게 하지?
- 형빈: 썰매 뒤에 선물을 묶어요. (바구니와 실을 들고 와 바구니에 엮어서 선물을 싣는다.)

이렇게 해서 산타놀이가 시작되었고 산타를 맡은 준원이가 신호를 하면 루돌프가 썰매를 끌었다. 유아들은 '산타는 아이들이 잠을 자야 몰래 다녀간다'며 누워서 자는 흉내를 냈다. 산타는 살금살금 들키지 않게 선물을 나눠 주고 다녔다. 이것을 지켜보던 아이들이 사슴과 산타를 번갈아가며 했다. 교사에게 밤이 되는 신호와 불을 꺼줄 것을 요구했다. 교사가 불을 끄고 "캄캄한 밤이에요." 하면 아이들이 하던 일을 멈추고 잠을 자는 흉내를 내며 즐겁게 놀이했다. 아침이 되어 선물을 받은 아이들은 활짝 웃으며 즐겁게 놀이했다.

처음부터 모두가 참여할 계획은 아니었으나 두세 명이 시작한 산타놀이에 모든 아이들이 참여하여 전체가 함께하는 산타놀이가 되었다. 누가 산타를 할 것인지, 썰매를 끄는 사슴을 할 것인지 다툼이 있기도 했으나 서로 생각을 조정하여 순서를 정하였으며 나중에는 움직일 수 있는 썰매로 다시 만들어 직접 끌어보기도 했다.

사슴이 썰매를 끌 수 있도록 아기 띠를 연결하는 모습

선물을 실을 바구니를 썰매에 연결하는 모습

세 마리의 사슴이 산타썰매를 끄는 모습

산타가 잠자는 아이들 몰래 선물을 놓고 돌아오는 모습

4. 놀이에 아이들의 새로운 생각이 담겨있어요

뚜껑을 가지고 어떤 놀이를 할지 이야기 나누는 아이들의 눈이 기대감으로 반짝였다.

"팽이처럼 돌려서 시합해요."

"친구 뚜껑을 쳐서 떨어뜨려요."

"어? 그거 알까기다."

"그럼 이거 뚜껑치기라고 하자."

어느 날 셀로판테이프를 가져온 윤혁이가 묻는다.

"선생님, 이것도 뚜껑이에요?"

"이건 테이프잖아."

"뚜껑이랑 비슷한데? 어? 이거 진짜 힘세다." 음료수 뚜껑, 병뚜껑, 커다란 뚜껑, 돌로 만든 뚜껑까지…. 뚜껑의 크기와 모양이 점점 더 다양해졌다.

놀이 방법도 다양해졌다. 친구 뚜껑을 경기장 밖으로 쳐내기만 했던 아이들은 가운데 나무블록을 놓아 뚜껑을 튕겨내기도 하고, 교구장 위에서 뚜껑을 쳐서 누가 더 멀리 보내나 시합을 하기도 했다.

"선생님, 이거 보세요. 뚜껑을 동시에 두 개 칠 수 있어요."

큰 뚜껑 안에 작은 뚜껑을 넣은 준우가 웃으며 뚜껑치기 시범을 보였다. 오늘도 이렇게 아이들의 새로운 생각을 담아 놀이는 조금씩 변화하고 있다.

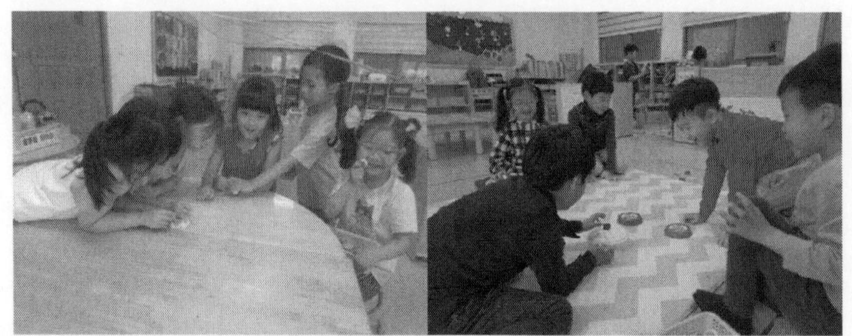

"여기에 놓고 손으로 쳐서 떨어지면 탈락이야." 뚜껑치기의 시작

'내 뚜껑이 제일 강력해!' 크기도 모양도 다양해진 뚜껑들

마무리, 우리의 연구는 현재 진행형

우리의 연구는 그간 유치원에서 이루어졌던 친숙했던 일상을 낯설게 바라보는 과정이었고, 당연시되었던 것들에 대한 물음이었습니다. 늘 그렇게 해왔던 자유선택활동에서 아이들은 정말 자신이 하고 싶은 활동을 하고 있었을까? 지금 교실에서 실행되는 일과 시간표 안에서 아이들은 충분히 놀았다고 느꼈을까? 교사들은 왜 생활주제에서 벗어나는 놀이에 대해 그토록 불편했던 것일까? 아이들의 놀이는 왜 이렇게 소란스러운 것일까? 등등

서로의 대화 속에서 궁금한 것을 묻고 대답하는 과정이 때로는 지겹기도 하고, 답이 없는 이야기로 안개 속을 헤매는 것 같은 불안감도 찾아왔었습니다. 하지만 끝까지 가보자는 마음으로 '우리 교육의 난제를 현장 교사들의 힘으로 풀어나가야 한다'는 연구실천 프로젝트 X의 철학을 곱씹으며 서로를 격려할 수밖에 없었습니다. 부족하지만 우리들의 대화를 정리하는 과정에서 많은 것을 느끼고 생각하고 있었음을 알게 되었습니다.

교사가 생각하는 놀이와 아이들로부터 발현되는 놀이 사이의 큰

간극도 느낄 수 있었고, 교사들이 원하는 방향으로 놀이가 이끌어지지 않을 때 느꼈던 자괴감과 그 근원도 살필 수 있었습니다.

마치 이론서를 덮어놓고 거기에서 말하는 각종 이론들에 대해 '왜 그렇게 말하는 것이지?'라는 의문을 갖게 된 것입니다. 또한 이론 속 다양한 견해들이 비로소 나의 것으로 실감되기도 하고, 이론과 다른 내 생각을 발견하기도 했습니다. 또한 놀이 이론에서 다 담아내지 못하는 놀이의 다양성과 현장성도 알게 되었습니다. 가장 우리를 설레게 했던 깨달음은 이론에서 담지 못하는 교실 현장의 이야기를 우리들이 마음껏 풀어놓음으로써 우리의 교육이 풍성해질 수 있다는 것이었습니다. 하여 우리들이 모여 놀이에 관한 수다를 풀어놓기를 참 잘했다는 결론에 이르렀지요.^^

그런 의미에서 우리는 스스로에게 묻고 답해야 할 또 다른 질문들을 발견하게 되었습니다.

우리는 다음과 같은 질문으로 또 한해를 살아보려고 합니다.

교사가 생각하는 놀이와 아이들로부터 발현되는 놀이의 간극이 크다면, 어떻게 좁힐 수 있을까? 아이들의 놀이를 이해하기 위한 기록 작업은 어떻게 해야 할까? 그 동안 교사에 의해 계획되어진 공간과 시간을 어떻게 아이들과 함께 만들어갈 수 있을까? 등….

그래서 우리의 연구는 현재 진행형입니다.

참 고 문 헌

교육부(2015). 유치원 교육과정, 교육부 고시 제2015-61호

교육부(2019). 유치원 교육과정, 교육부 고시 제2019-189호

교육부·보건복지부(2015) 3-5세 연령별 누리과정 해설서.

오가타 다카히로(2014). 비밀기지 만들기 (임윤정, 한누리 옮김). 경기: 프로파간다

오채선(2018). 유아교육의 본질과 놀이에 대한 이해, 한국교원대학교 종합교육연수원 2018년도 제1차 유치원감 자격연수 자료(1) 142-168

이경화(2019). 누리과정 개정 방향에 따른 교육과정 재구성, 전교조 전남유치원위원회 학급 운영 연수 자료

이경화, 손유진(2014). 유아교사들이 인식한 '가르침의 순간'의 의미 분석. 유아교육연구, 34(3) 175-196

부 록

대화 과정에서 우리에게 던졌던 정선되지 않은 날것의 질문을 이곳에 안내합니다. 유아와 놀이가 중심이 되는 교육과정을 운영하고자 하시는 선생님들도 스스로 질문해 보시면 좋겠습니다.

▸ 아이들이 가장 좋아하는 놀이 시간은?

▸ 아이들이 가장 좋아하는 흥미영역 3가지 꼽아본다면?

▸ 나를 뭉클하게 만들었던 놀이의 순간은?

▸ 최근 우리 아이들의 관심사는?

▸ 교실에서 '섞어놀이'를 볼 때 나의 감정은?

▸ 아이들이 전개하고 있는 생활주제를 벗어난 놀이를 하고 있을 때 나의 생각은?

▸ 교실에 배치된 많은 교구들은 아이들 놀이에 꼭 필요한 것들일까?

▸ 교실의 공간은 아이들과 함께 의논하여 구성하고 있는가?

▸ 충분한 놀이시간은 어느 정도일까?

▸ 놀이를 지원하는 데 나에게 가장 어려운 걸림돌은?